中外哲学典籍大全

总主编 李铁映 王伟光

外国哲学典籍卷

卡布斯教诲录

〔波斯〕昂苏尔·玛阿里 著

张晖 译

商务印书馆
The Commercial Press
创于1897

(Persian) Onsor al-Ma'āli Keykāvūs Ibn Eskandar
QĀBŪS-NĀMEH

本书根据德黑兰翻译出版中心 1968 年版译出
Bongah-e-Tarjomeh va Nashr-e-Ketāb
Tehrān 1968

中外哲学典籍大全

总主编 李铁映 王伟光

顾 问（按姓氏笔画排序）

王树人 邢贲思 汝 信 李景源 杨春贵 张世英 张立文

张家龙 陈先达 陈晏清 陈筼泉 黄心川 曾繁仁 楼宇烈

学术委员（按姓氏笔画排序）

万俊人 马 援 丰子义 王立胜 王南湜 王柯平 王 博

冯颜利 任 平 刘大椿 江 怡 孙正聿 李存山 李景林

杨 耕 汪 晖 张一兵 张汝伦 张志伟 张志强 陈少明

陈 来 陈学明 欧阳康 尚 杰 庞元正 赵汀阳 赵剑英

赵敦华 倪梁康 徐俊忠 郭齐勇 郭 湛 韩庆祥 韩 震

傅有德 谢地坤

总编辑委员会

主 任 王立胜

副主任 张志强 冯颜利 王海生

委 员（按姓氏笔画排序）

甘绍平 仰海峰 刘森林 杜国平 李 河 吴向东 陈 鹏

陈 霞 欧阳英 单继刚 赵汀阳 郝立新

外国哲学典籍卷

中外哲学典籍大全
总　　序

　　《中外哲学典籍大全》的编纂,是一项既有时代价值又有历史意义的重大工程。

　　中华民族经过了近一百八十年的艰苦奋斗,迎来了中国近代以来最好的发展时期,迎来了奋力实现中华民族伟大复兴的时期。中华民族只有总结古今中外的一切思想成就,才能并肩世界历史发展的大势。为此,我们须要编纂一部汇集中外古今哲学典籍的经典集成,为中华民族的伟大复兴、为人类命运共同体的建设、为人类社会的进步,提供哲学思想的精粹。

　　哲学是思想的花朵、文明的灵魂、精神的王冠。一个国家、民族,要兴旺发达,拥有光明的未来,就必须拥有精深的理论思维,拥有自己的哲学。哲学是推动社会变革和发展的理论力量,是激发人的精神砥石。哲学能够解放思想,净化心灵,照亮人类前行的道路。伟大的时代需要精邃的哲学。

一　哲学是智慧之学

　　哲学是什么? 这既是一个古老的问题,又是哲学永恒的话题。追问"哲学是什么",本身就是"哲学"问题。从哲学成为思维的那一天起，哲学家们就在不停的追问中发展、丰富哲学的篇章，给出一张又一张答卷。每个时代的哲学家对这个问题都有自己的诠释。哲学是什么，是悬在人类智慧面前的永恒之问，这正是哲学之为哲学的基本特点。

哲学是全部世界的观念形态、精神本质。人类面临的共同问题，是哲学研究的根本对象。本体论、认识论、世界观、人生观、价值观、实践论、方法论等，仍是哲学的基本问题，是哲学的生命力所在！哲学研究的是世界万物的根本性、本质性问题。人们已经对哲学作出许多具体定义，但我们可以尝试再用"遮诠"的方式描述哲学的一些特点，从而使人们加深对"何为哲学"的认识。

哲学不是玄虚之观。哲学来自人类实践，关乎人生。哲学对现实存在的一切追根究底、"打破砂锅问到底"。它不仅是问"是什么（being）"，而且主要是追问"为什么（why）"，特别是追问"为什么的为什么"。它关注整个宇宙，关注整个人类的命运，关注人生。它关心柴米油盐酱醋茶和人的生命的关系，关心人工智能对人类社会的挑战。哲学是对一切实践经验的理论升华，它关心具体现象背后的根据，关心"人类如何会更好"。

哲学是在根本层面上追问自然、社会和人本身，以彻底的态度反思已有的观念和认识，从价值理想出发把握生活的目标和历史的趋势，从而展示了人类理性思维的高度，凝结了民族进步的智慧，寄托了人们热爱光明、追求真善美的情怀。道不远人，人能弘道。哲学是把握世界、洞悉未来的学问，是思想解放与自由的大门！

古希腊的哲学家们被称为"望天者"。亚里士多德在《形而上学》一书中说："最初人们通过好奇－惊赞来做哲学。"如果说知识源于好奇的话，那么产生哲学的好奇心，必须是大好奇心。这种"大好奇心"只为一件"大事因缘"而来。所谓"大事"，就是天地之间一切事物的"为什么"。哲学精神，是"家事、国事、天下事，事事要问"，是一种永远追问的精神。

哲学不只是思想。哲学将思维本身作为自己的研究对象之一，对思想本身进行反思。哲学不是一般的知识体系，而是把知识概念作为研究的对象，追问"什么才是知识的真正来源和根据"。哲学的"非对象性"的思维方式，不是"纯形式"的推论原则，而有其"非对象性"之对象。哲学不断追求真理，是认识的精粹，是一个理论与实践兼而有之的过程。哲学追求真理的过程本身就显现了哲学的本质。天地之浩瀚，变化之奥妙，正是哲思的玄妙之处。

哲学不是宣示绝对性的教义教条，哲学反对一切形式的绝对。哲学解放束缚，意味着从一切思想教条中解放人类自身。哲学给了我们彻底反思过去的思想自由，给了我们深刻洞察未来的思想能力。哲学就是解放之学，是圣火和利剑。

哲学不是一般的知识。哲学追求"大智慧"。佛教讲"转识成智"，"识"与"智"之间的关系相当于知识与哲学的关系。一般知识是依据于具体认识对象而来的、有所依有所待的"识"，而哲学则是超越于具体对象之上的"智"。

公元前六世纪，中国的老子说："大方无隅，大器晚成，大音希声，大象无形，道隐无名。夫唯道，善贷且成。"又说："反者道之动，弱者道之用。天下万物生于有，有生于无。"对"道"的追求就是对有之为有、无形无名的探究，就是对"天地何以如此"的探究。这种追求,使得哲学具有了天地之大用,具有了超越有形有名之有限经验的大智慧。这种大智慧、大用途,超越一切限制的篱笆,具有趋向无限的解放能力。

哲学不是经验科学,但又与经验有联系。哲学从其诞生之日起,就包含于科学形态之中,是以科学形态出现的。哲学是以理性的方式、概念的方式、论证的方式来思考宇宙与人生的根本问题。在亚里士多德那里,凡是研究"实体(ousia)"的学问,都叫作"哲学"。而"第一实体"则是存在者中的"第一个"。研究"第一实体"的学问被称为"神学",也就是"形而上学",这正是后世所谓"哲学"。一般意义上的科学正是从"哲学"最初的意义上赢得自己最原初的规定性的。哲学虽然不是经验科学,却为科学划定了意义的范围,指明了方向。哲学最后必定指向宇宙、人生的根本问题,大科学家的工作在深层意义上总是具有哲学的意味,牛顿和爱因斯坦就是这样的典范。

哲学既不是自然科学,也不是文学、艺术,但在自然科学的前头,哲学的道路展现了;在文学、艺术的山顶,哲学的天梯出现了。哲学不断地激发人的探索和创造精神,使人在认识世界的过程中不断达到新境界,在改造世界的过程中从必然王国到达自由王国。

哲学不断从最根本的问题再次出发。哲学史在一定意义上就是不断重构新的世界观、认识人类自身的历史。哲学的历史呈现,正是对哲学的创造本性的最好说明。哲学史上每一个哲学家对根本问题的思考,都在为哲学添加新思维、新向度,犹如为天籁山上不断增添一只只黄鹂、翠鸟。

如果说哲学是哲学史的连续展现中所具有的统一性特征,那么这种"一"是在"多"个哲学的创造中实现的。如果说每一种哲学体系都追求一种体系性的"一"的话,那么每种"一"的体系之间都存在着千丝相联、多方组合的关系。这正是哲学史昭示于我们的哲学之多样性的意义。多样性与统一性的依存关系,正是哲学寻求现象与本质、具体与普遍相统一的辩证之意义。

哲学的追求是人类精神的自然趋向,是精神自由的花朵。哲学是思想的自由,是自由的思想。

中国哲学是中华民族五千年文明传统中最为内在、最为深刻、最为持久的精神追求和价值观表达。中国哲学已经化为中国人的思维方式、生活态度、道德准则、人生追求、精神境界。中国人的科学技术、伦理道德、小家大国、中医药学、诗歌文学、绘画书法、武术拳法、乡规民俗,乃至日常生活都浸润着中国哲学的精神。华夏文明虽历经磨难而能够透魄醒神、坚韧屹立,正是来自于中国哲学深邃的思维和创造力。

先秦时代,老子、孔子、庄子、孙子、韩非子等诸子之间的百家争鸣,就是哲学精神在中国的展现,是中国人思想解放的第一次大爆发。两汉四百多年的思想和制度,是诸子百家思想在争鸣过程中大整合的结果。魏晋之际玄学的发生,则是儒道冲破各自藩篱、彼此互动互补的结果,形成了儒家独尊的态势。隋唐三百年,佛教深入中国文化,又一次带来了思想的大融合和大解放。禅宗的形成就是这一融合和解放的结果。两宋三百多年,中国哲学迎来了第三次大解放。儒释道三教之间的互润互持日趋深入,朱熹的理学和陆象山的心学,就是这一思想潮流的哲学结晶。

与古希腊哲学强调沉思和理论建构不同,中国哲学的旨趣在于实践人文关怀,它更关注实践的义理性意义。在中国哲学当中,知与行从未分离,有着深厚的实践观点和生活观点。伦理道德观是中国哲学的贡献。马克思说:"全部社会生活在本质上是实践的。"实践的观点、生活的观点也正是马克思主义认识论的基本观点。这种哲学上的契合性,正是马克思主义能够在中国扎根并不断中国化的哲学原因。

"实事求是"是中国的一句古话,在今天已成为深邃的哲理,成为中国人的思维方式和行为基准。实事求是就是解放思想,解放思想就是实事求是。实事求是是毛泽东思想的精髓,是改革开放的基石。只有解放思想才能实事求是。实事求是就是中国人始终坚持的哲学思想。实事求是就是依靠自己,走自己的道路,反对一切绝对观念。所谓中国化就是一切从中国实际出发,一切理论必须符合中国实际。

二　哲学的多样性

实践是人的存在形式,是哲学之母。实践是思维的动力、源泉、价值、标准。人们认识世界、探索规律的根本目的是改造世界、完善自己。哲学问题的提出和回答都离不开实践。马克思有句名言:"哲学家们只是用不同的方式解释世界,而问题在于改变世界。"理论只有成为人的精神智慧,才具有改变世界的力量。

哲学关心人类命运。时代的哲学,必定关心时代的命运。对时代命运的关心就是对人类实践和命运的关心。人在实践中产生的一切都具有现实性。哲学的实践性必定带来哲学的现实性。哲学的现实性就是强调人在不断回答实践中的各种问题时应该具有的态度。

哲学作为一门科学是现实的。哲学是一门回答并解释现实的学问；哲学是人们联系实际、面对现实的思想。可以说哲学是现实的最本质的理论，也是本质的最现实的理论。哲学始终追问现实的发展和变化。哲学存在于实践中，也必定在现实中发展。哲学的现实性要求我们直面实践本身。

哲学不是简单跟在实践后面，成为当下实践的"奴仆"，而是以特有的深邃方式，关注着实践的发展，提升人的实践水平，为社会实践提供理论支撑。从直接的、急功近利的要求出发来理解和从事哲学，无异于向哲学提出它本身不可能完成的任务。哲学是深沉的反思、厚重的智慧，是对事物的抽象、理论的把握。哲学是人类把握世界最深邃的理论思维。

哲学是立足人的学问，是人用于理解世界、把握世界、改造世界的智慧之学。"民之所好，好之，民之所惠，惠之。"哲学的目的是为了人。用哲学理解外在的世界，理解人本身，也是为了用哲学改造世界、改造人。哲学研究无禁区，无终无界，与宇宙同在，与人类同在。

存在是多样的，发展亦是多样的，这是客观世界的必然。宇宙万物本身是多样的存在，多样的变化。历史表明，每一民族的文化都有其独特的价值。文化的多样性是自然律，是动力，是生命力。各民族文化之间的相互借鉴、补充浸染，共同推动着人类社会的发展和繁荣，这是规律。对象的多样性、复杂性，决定了哲学的多样性；即使对同一事物，人们也会产生不同的哲学认识，形成不同的哲学派别。哲学观点、思潮、流派及其表现形式上的区别，来自于哲学的时代性、地域性和民族性的差异。世界哲学是不同民族的哲学的荟萃。多样性构成了世界，百花齐放形成了花园。不同的民族会有不同风格的哲学。恰恰是哲学的民族性，使不同的哲学都可以在世界舞台上演绎出各种"戏剧"。不同民族即使有相似的哲学观点，在实践中的表达和运用也会各有特色。

人类的实践是多方面的，具有多样性、发展性，大体可以分为：改造自然界的实践、改造人类社会的实践、完善人本身的实践、提升人的精神世界的精神活动。人是实践中的人，实践是人的生命的第一属性。实践的社会性决定了哲学的社会性，哲学不是脱离社会现实生活的某种遐想，而是社会现实生活的观念形态，是文明进步的重要标志，是人的发展水平的重要维度。哲学的发展状况，反映着一个社会人的理性成熟程度，反映着这个社会的文明程度。

哲学史实质上是对自然史、社会史、人的发展史和人类思维史的总结和概括。自然界是多样的，社会是多样的，人类思维是多样的。所谓哲学的多样性，就是哲学基本观念、理论学说、方法的异同，是哲学思维方式上的多姿多彩。哲学的多样性是哲学的常态，是哲学进步、发展和繁荣的标志。哲学是人的哲学，哲学是人对事物的自觉，是人对外界和自我认识的学问，也是人把握世界和自我的学问。哲学的多样性，是哲学的常态和必然，是哲学发展和繁荣的内在动力。一般是普遍性，特色也是普遍性。从单一性到多样性，从简单性到复杂性，是哲学思维的一大变革。用一种哲学话语和方法否定另一种哲学话语和方法，这本身就不是哲学的态度。

多样性并不否定共同性、统一性、普遍性。物质和精神、存在和意识,一切事物都是在运动、变化中的,是哲学的基本问题,也是我们的基本哲学观点!

当今的世界如此纷繁复杂,哲学多样性就是世界多样性的反映。哲学是以观念形态表现出的现实世界。哲学的多样性,就是文明多样性和人类历史发展多样性的表达。多样性是宇宙之道。

哲学的实践性、多样性还体现在哲学的时代性上。哲学总是特定时代精神的精华,是一定历史条件下人的反思活动的理论形态。在不同的时代,哲学具有不同的内容和形式。哲学的多样性,也是历史时代多样性的表达,让我们能够更科学地理解不同历史时代,更为内在地理解历史发展的道理。多样性是历史之道。

哲学之所以能发挥解放思想的作用,原因就在于它始终关注实践,关注现实的发展;在于它始终关注着科学技术的进步。哲学本身没有绝对空间,没有自在的世界,只能是客观世界的映象、观念的形态。没有了现实性,哲学就远离人,远离了存在。哲学的实践性说到底是在说明哲学本质上是人的哲学,是人的思维,是为了人的科学! 哲学的实践性、多样性告诉我们,哲学必须百花齐放、百家争鸣。哲学的发展首先要解放自己,解放哲学,也就是实现思维、观念及范式的变革。人类发展也必须多途并进、交流互鉴、共同繁荣。采百花之粉,才能酿天下之蜜。

三　哲学与当代中国

中国自古以来就有思辨的传统,中国思想史上的百家争鸣就是哲学繁荣的史象。哲学是历史发展的号角。中国思想文化的每一次大跃升,都是哲学解放的结果。中国古代贤哲的思想传承至今,他们的智慧已浸入中国人的精神境界和生命情怀。

中国共产党人历来重视哲学。1938年,毛泽东同志在抗日战争最困难的时期,在延安研究哲学,创作了《实践论》和《矛盾论》,推动了中国革命的思想解放,成为中国人民的精神力量。

中华民族的伟大复兴必将迎来中国哲学的新发展。当代中国必须要有自己的哲学,当代中国的哲学必须要从根本上讲清楚中国道路的哲学内涵。中华民族的伟大复兴必须要有哲学的思维,必须要有不断深入的反思。发展的道路就是哲思的道路;文化的自信就是哲学思维的自信。哲学是引领者,可谓永恒的"北斗",哲学是时代的"火焰",是时代最精致最深刻的"光芒"。从社会变革的意义上说,任何一次巨大的社会变革,总是以理论思维为先导。理论的变革总是以思想观念的空前解放为前提,而"吹响"人类思想解放第一声"号角"的,往往就是代表时代精神精华的哲学。社会实践对于哲学的需求可谓"迫不及待",因为哲学总是"吹响"新的时代的"号角"。"吹响"中国改革开放之"号角"的,正是"解放思想""实践是检验真理的唯一标准""不改革死路一条"等哲学观念。"吹响"新时代"号角"的是"中国梦""人民对美好生活的向往,就是我们奋斗的目标"。发展是人类社会永恒的动力,变革是社会解放的永恒的课题,思想解放、解放思想是无尽的哲思。中国正走在理论和实践的双重探索之路上,搞探索没有哲学不成!

中国哲学的新发展,必须反映中国与世界最新的实践成果,必须反映科学的最新成果,必须具有走向未来的思想力量。今天的中国人所面临的历史时代,是史无前例的。14亿人齐步迈向现代化,这是怎样的一幅历史画卷!是何等壮丽、令人震撼!不仅中国亘古未有,在世界历史上也从未有过。当今中国需要的哲学,是结合天道、地理、人德的哲学,是整合古今中外的哲学,只有这样的哲学才是中华民族伟大复兴的哲学。

当今中国需要的哲学,必须是适合中国的哲学。无论古今中外,再好的东西,也需要经过再吸收、再消化,经过现代化、中国化,才能成为今天中国自己的哲学。哲学的目的是解放人,哲学自身的发展也是一次思想解放,也是人的一次思维升华、羽化的过程。中国人的思想解放,总是随着历史不断进行的。历史有多长,思想解放的道路就有多长;发展进步是永恒的,思想解放也是永无止境的;思想解放就是哲学的解放。

习近平同志在 2013 年 8 月 19 日重要讲话中指出,思想工作就是"引导人们更加全面客观地认识当代中国、看待外部世界"。这就需要我们确立一种"知己知彼"的知识态度和理论立场,而哲学则是对文明价值核心最精炼和最集中的深邃性表达,有助于我们认识中国、认识世界。立足中国、认识中国,需要我们审视我们走过的道路;立足中国、认识世界,需要我们观察和借鉴世界历史上的不同文化。中国"独特的文化传统"、中国"独特的历史命运"、中国"独特的基本国情",决定了我们必然要走适合自己特点的发展道路。一切现实的、存在的社会制度,其形态都是具体的,都是特色的,都必须是符合本国实际的。抽象的或所谓"普世"的制度是不存在的。同时,我们要全面、客观地"看待外部世界"。研究古今中外的哲学,是中国认识世界、认识人类史、认识自己未来发展的必修课。今天中国的发展不仅要读中国书,还要读世界书。不仅要学习自然科学、社会科学的经典，更要学习哲学的经典。当前，中国正走在实现"中国梦"的"长征"路上，这也正是一条思想不断解放的道路！要回答中国的问题，解释中国的发展，首先需要哲学思维本身的解放。哲学的发展，就是哲学的解放，这是由哲学的实践性、时代性所决定的。哲学无禁区、无疆界。哲学关乎宇宙之精神，关乎人类之思想。哲学将与宇宙、人类同在。

四　哲学典籍

《中外哲学典籍大全》的编纂，是要让中国人能研究中外哲学经典，吸收人类思想的精华；是要提升我们的思维，让中国人的思想更加理性、更加科学、更加智慧。

中国有盛世修典的传统，如中国古代的多部典籍类书（如《永乐大典》《四库全书》等）。在新时代编纂《中外哲学典籍大全》，是我们的历史使命，是民族复兴的重大思想工程。

只有学习和借鉴人类思想的成就，才能实现我们自己的发展，走向未来。《中外哲学典籍大全》的编纂，就是在思维层面上，在智慧境界中，继承自己的精神文明，学习世界优秀文化。这是我们的必修课。

不同文化之间的交流、合作和友谊，必须在哲学层面上获得相互认同和借鉴。哲学之间的对话和倾听，才是从心到心的交流。《中外哲学典籍大全》的编纂，就是在搭建心心相通的桥梁。

我们编纂的这套哲学典籍大全包括四个方面的内容：一是中国哲学，整理中国历史上的思想典籍，浓缩中国思想史上的精华；

二是外国哲学，主要是西方哲学，以吸收、借鉴人类发展的优秀哲学成果；三是马克思主义哲学，展示马克思主义哲学中国化的成就；四是中国近现代以来的哲学成果，特别是马克思主义在中国的发展。

编纂《中外哲学典籍大全》，是中国哲学界早有的心愿，也是哲学界的一份奉献。《中外哲学典籍大全》总结的是经典中的思想，是先哲们的思维，是前人的足迹。我们希望把它们奉献给后来人，使他们能够站在前人的肩膀上，站在历史岸边看待自身。

《中外哲学典籍大全》的编纂，是以"知以藏往"的方式实现"神以知来"；《中外哲学典籍大全》的编纂，是通过对中外哲学历史的"原始反终"，从人类共同面临的根本大问题出发，在哲学生生不息的道路上，彩绘出人类文明进步的盛德大业！

发展的中国，既是一个政治、经济大国，也是一个文化大国，也必将是一个哲学大国、思想王国。人类的精神文明成果是不分国界的，哲学的边界是实践，实践的永恒性是哲学的永续线性，敞开胸怀拥抱人类文明成就，是一个民族和国家自强自立，始终伫立于人类文明潮流的根本条件。

拥抱世界、拥抱未来、走向复兴，构建中国人的世界观、人生观、价值观、方法论，这是中国人的视野、情怀，也是中国哲学家的愿望！

李铁映

二〇一八年八月

关于外国哲学

——"外国哲学典籍卷"弁言

李铁映

有人类,有人类的活动,就有文化,就有思维,就有哲学。哲学是人类文明的精华。文化是人的实践的精神形态。

人类初蒙,问天究地,思来想去,就是萌昧之初的哲学思考。

文明之初,如埃及法老的文化;两河流域的西亚文明;印度的吠陀时代,都有哲学的意蕴。

欧洲古希腊古罗马文明等,拉丁美洲的印第安文明,玛雅文化,都是哲学的初萌。

文化即一般存在,而哲学是文化的灵魂。文化是哲学的基础,社会存在。文化不等同于哲学,但没有文化的哲学,是空中楼阁。哲学产生于人类的生产、生活,概言之,即产生于人类的实践。是人类对自然、社会、人身体、人的精神的认识。

但历史的悲剧,发生在许多文明的消失。文化的灭绝是人类最大的痛疚。

只有自己的经验,才是最真实的。只有自己的道路才是最好的路。自己的路,是自己走出来的。世界各个民族在自己的历史上,也在不断的探索自己的路,形成自己生存、发展的哲学。

知行是合一的。知来自于行,哲学打开了人的天聪,睁开了眼睛。

欧洲哲学,作为学术对人类的发展曾作出过大贡献,启迪了人们的思想。特别是在自然科学、经济学、医学、文化等方面的哲学,达到了当时人类认识的高峰。欧洲哲学是欧洲历史的产物,是欧洲人对物质、精神的探究。欧洲哲学也吸收了世界各民族的思想。它对哲学的研究,对世界的影响,特别是在思维观念、语意思维的层面,构成了新认知。

历史上,有许多智者,研究世界、自然和人本身。人类社会产生许多观念,解读世界,解释人的认识和思维,形成了一些哲学的流派。这些思想对人类思维和文化的发展,有重大作用,是人类进步的力量。但不能把哲学仅看成是一些学者的论说。哲学最根本的智慧来源于人类的实践,来源于人类的生产和生活。任何学说的真价值都是由人的实践为判据的。

哲学研究的是物质和精神,存在和思维,宇宙和人世间的诸多问题。可以说一切涉及人类、人本身和自然的深邃的问题,都是哲学的对象。哲学是人的思维,是为人服务的。

资本主义社会,就是资本控制的社会。资本主义社会的文化、哲学,有着浓厚的铜臭。

有什么样的人类社会,就会有什么样的哲学,不足为怪。应深思"为什么?""为什么的为什么?"这就是哲学之问,是哲学发展的自然律。哲学尚回答不了的问题,正是哲学发展之时。

哲学研究人类社会,当然有意识形态性质。哲学产生于一定社会,当然要为它服务。人类的历史,长期是阶级斗争的历史,而哲学作为上层建筑，是意识形态。阶级斗争的意识，深刻影响着意识形态，哲学也如此。为了殖民、压迫、剥削……社会的资本化，文化也随之资本化。许多人性的、精神扭曲的东西通过文化也资本化。如色情业、毒品业、枪支业、黑社会、政治献金，各种资本的社会形态成了资本社会的基石。这些社会、人性的变态，逐渐社会化、合法化，使人性变得都扭曲、丑恶。社会资本化、文化资本化、人性的资本化，精神、哲学成了资本的外衣。真的、美的、好的何在？！令人战栗！！

哲学的光芒也腐败了，失其真！资本的洪水冲刷之后的大地苍茫……

人类社会不是一片净土，是有污浊渣滓的，一切发展、进步都要排放自身不需要的垃圾，社会发展也如此。进步和发展是要逐步剔除这些污泥浊水。但资本揭开了魔窟，打开了潘多拉魔盒，呜呜！这些哲学也必然带有其诈骗、愚昧人民之魔术。

外国哲学正是这些国家、民族对自己的存在、未来的思考，是他们自己的生产、生活的实践的意识。

哲学不是天条，不是绝对的化身。没有人，没有人的实践，哪来人的哲学？归根结底，哲学是人类社会的产物。

哲学的功能在于解放人的思想，哲学能够使人从桎梏中解放出来，找到自己的自信的生存之道。

欧洲哲学的特点，是欧洲历史文化的结节，它的一个特点，是与神学粘联在一起，与宗教有着深厚的渊源。它的另一个特点是私有制、个人主义。使人际之间关系冷漠，资本主义的殖民主义，对世界的奴役、暴力、战争，和这种哲学密切相关。

马克思恩格斯突破了欧洲资本主义哲学,突破了欧洲哲学的神学框架,批判了欧洲哲学的私有制个人主义体系,举起了历史唯物主义,唯物辩证法的大旗,解放了全人类的头脑。人类从此知道了自己的历史,看到了未来光明。社会主义兴起,殖民主义解体,被压迫人民的解放斗争,正是马哲的力量。没有马哲对西方哲学的批判,就没有今天的世界。

二十一世纪将是哲学大发展的世纪,是人类解放的世纪,是人类走向新的辉煌的世纪。不仅是霸权主义的崩塌,更是资本主义的存亡之际,人类共同体的哲学必将兴起。

哲学解放了人类,人类必将创造辉煌的新时代,创造新时代的哲学。英特纳雄耐尔就一定会实现,这就是哲学的力量。未来属于人民,人民万岁!

卡布斯教诲录

译 者 序

　　昂苏尔·玛阿里的《卡布斯教诲录》是波斯中世纪时的一部散文名著。伊朗的"诗人之王"、著名学者巴哈尔（1866—1951）称它是"伊斯兰文明的百科全书"。（见《风格探讨》第二卷第 113 页，德黑兰 1958 年版，原文为波斯文）英国历史学家珀西·塞克斯也曾向人们推荐这本书，他在谈到《卡布斯·那梅》（即《卡布斯教诲录》）一书时说："假如有人问我波斯人写的哪一本书最能引起英国读者的兴趣，我愿意推荐齐雅尔王子凯伊·考斯写于公元 1082 年的一本有关生活的道德与规范的著作。这本书论述了家长的责任、打猎、马球、婚姻、教育和医药等问题。"（《阿富汗史》第一卷下册第 333 页，商务印书馆 1972 年版）

　　下面我仅就这本《教诲录》的作者简历、全书的内容及对后代的影响等问题做一简单介绍。

＊　　　　＊　　　　＊

　　昂苏尔·玛阿里的全名叫作阿米尔·昂苏尔·玛阿里·吉卡乌斯·本·阿斯坎达尔·本·卡布斯·本·瓦士姆吉尔·阿本·兹雅尔。从全名可知他是兹雅尔（亦称"阿勒·兹雅尔"）王朝的王子。他的高祖是兹雅尔。他的曾祖是兹雅尔王朝的第二任国王瓦士姆吉尔（935—967 年在位）。他的祖父是第四任国王卡布斯（976—1012 年在位）。他的父亲叫阿斯坎达尔。他自己叫昂苏尔·玛阿里·吉卡乌斯。他曾获有"阿米尔"的尊号。

兹雅尔王朝的统治范围大约在现在伊朗的中、北部地区，包括：吉兰、马赞德兰、胡泽斯坦、法尔斯、克尔曼、伊斯法罕各省。王朝共存在了 114 年（928—1042）。它的东北方向是萨曼王朝（892—999），它的南面和西南面是白益王朝（938—1056）。三个王朝曾一度鼎足天下，为扩大领地，经常明争暗夺，大动干戈。昂苏尔·玛阿里的祖父卡布斯登基不久，便遭到白益王朝的侵袭。结果国土沦丧，他本人也流落他乡。经过十八年的积蓄力量之后，他才又得以卷土重来，再次于塔布列斯坦和古尔冈站稳脚跟，恢复统治。

卡布斯，一方面，才学颖异、学识渊博，谙熟天文、历史、哲学等各方面的知识，能工诗作赋，并擅长书法。许多学者雅士、文人骚客都前来投奔，麕集在他的宫中，其中有些人如：阿布里·比隆尼等在当时还颇负盛名。但是另一方面，他残忍暴虐，从不恕人，以致激怒了一部分贵族。他们因此暗地勾结他的儿子法拉克·玛阿里，策动了政变，逮捕了他，并治以死罪，之后便拥戴法拉克做了国王。

卡布斯的遭遇说明当时社会的动荡不稳，兹雅尔王朝已处于内忧外患、摇摇欲坠之中。昂苏尔·玛阿里正是在这样的时代背景下，于 1021 年（即卡布斯倒台九年后）出生的。

由于昂苏尔·玛阿里的伯父法拉克的篡权，他的父亲阿斯坎达尔便失去做国王的机会，但这使他不至于陷入繁杂的政务和钩心斗角中去,因而可以拿出更多的时间来培养、教育自己的儿子。他是一个很有远见的亲王,不仅让儿子学习宗教、天文、数学、历史、文学、语言、哲学等各科知识,还让他学习兵法、骑马、射箭、武功、狩猎、格斗、游泳等等;不仅教他各种礼仪,还让他学习各种技艺。这不仅使他后来具有游刃社会、应付事变、发展自己的能力,而且也为他在老年时总结一生,写出教诲性的文字打下了坚实的基础。

这个时期,又先后兴起两个王朝:一个是伽色尼,一个是塞尔柱。

伽色尼王朝由突厥人于962年在阿富汗建立。到玛赫穆德苏丹在位时期(998—1030)达到鼎盛。

塞尔柱王朝亦是由突厥人建立的。约1000年时,他们从中亚北部草原迁徙到锡尔河下游地带,接受了伊斯兰教。约在1025年称臣于伽色尼玛赫穆德苏丹。但在玛赫穆德死后不久,即1037年,他们在霍腊散贵族的支持下打败了伽色尼王朝的玛斯伍德苏丹,并趁机扩张领土,于1042年完全兼并了兹雅尔王朝。年仅二十一岁的昂苏尔·玛阿里便从此失去了王子的优越地位。这使他在一定程度上接触并了解了下层社会,对于商人、农民、手工业等各种职业都有了一定的感性认识。

昂苏尔·玛阿里曾到伽色尼王朝的京城加兹尼生活了八年,并在那里同玛赫穆德的女儿卡兹·玛赫穆德·本·纳赛尔丁公主结为夫妻。在伽色尼王朝被塞尔柱王朝战败,退到印度后,昂苏尔也曾到过那里。他在伽色尼宫廷,曾侍奉过牟杜德苏丹。后来,他为了同东罗马帝国作战,便来到阿塞拜疆地区的甘芝城,在阿布·

萨瓦尔·沙达迪国王的宫中供职。这两段宫廷生活,使他加深了了解统治阶级内部的状况,并取得了统治国家、统率军队的经验。

昂苏尔·玛阿里和他的父亲阿斯坎达尔是否做过国王呢?众说纷纭,有人认为:他们从未做过国王。(见赛义德·纳菲斯为《卡布斯教诲录》写的前言,德黑兰1968年版)也有人说:他们晚年时,在领地不大的较偏僻的山区进行过统治,因此才获得"阿米尔"的称号。但他们所统治的地区,并不是完全独立的国家,而须向塞尔柱王朝称臣纳贡。(见阿敏·阿布达勒·玛智德·巴德维博士《谈谈〈卡布斯教诲录〉》第59—81页,德黑兰1956年版)

总之,才华横溢、满腹经纶的昂苏尔·玛阿里在这动荡不安、弱肉强食的社会中积累了许多生活经验,到老年时,完全具备了写出一部全面论述"伊斯兰文明"著作的条件。

＊　　　＊　　　＊

昂苏尔·玛阿里只有一个儿子,名字叫做吉兰沙赫,这本《卡布斯教诲录》就是写给他的。

这本书的波斯文名字为:《Ghābus Nāme》,直译为:《卡布斯·那梅》,即《卡布斯书》。Ghābus是昂苏尔·玛阿里的祖父的名字,但是此书既不是Ghābus所写,又不是写给Ghābus,那么名从何来呢?一般认为:大概是Ka′wus或Kika′wus(即"卡乌斯"或"吉卡乌斯",这才是昂苏尔·玛阿里本人的名字)所误。但虽为"误",却又认为:既然《Ghābus Nāme》已流传开,就没必要再更改了,因此听任至今。

为什么笔者没有直译成《卡布斯·那梅》或《卡布斯书》,而译成《卡布斯教诲录》呢?

在赛义德·纳菲斯所勘正的版本中有这样一句:"孩子啊! 你可知道:这本教诲录或吉祥书共分为四十四章……"(《绪言》部分的末尾处。重点号为笔者所加。)因此,赛义德·纳菲斯便认为:这本书若叫做《教诲录》(《Nasihat Nāme》)才更合适。

笔者很赞同赛义德·纳菲斯博士的观点,并认为书的译名取"教诲录",较之音译为"那梅"或直译为"书",给读者的概念更加明确,因此便取了《卡布斯教诲录》作为此书之名。

这本《教诲录》写于何年呢? 一般认为写于 1082 年,即作者61 岁时(按伊斯兰历则为 63 岁)。

赛义德·纳菲斯认为:作者死时约 80 岁,即在 1101 年时。

但也有的学者认定他死于 1069 年。(见扎比赫拉·萨法博士的《伊朗文学史》,德黑兰 1957 年版)如果这是对的,那么他的生年和写书的年代则应大大提前才对。

*　　　　*　　　　*

《卡布斯教诲录》是怎样一部书呢? 这部书以睿智深邃的思想、诱导劝诫的口气、言简意赅的语言,论述了波斯中世纪的宗教信仰、伦理道德、社会生活、风俗习惯、科学文化、国家管理、经济、军事、哲学思想等各方面的问题。其书寓理于文、警策隽永,议论中夹有许多有趣的故事和格言诗句,颇引人入胜、寓意深刻。其书既是一本社会科学著作,又是波斯古代的优秀散文作品。

这本书的开篇为《绪言》,之后共分为四十四章进行论述。

《绪言》阐明了作者写这本《教诲录》的宗旨。

这四十四章的内容十分繁多，包括：

要信仰虔诚、遵守教义、善于学习、慎思择言，把自己培养成为知识渊博、道德高尚的人。

要遵守伦理道德、处理好各方面的关系，诸如：扶老携幼、孝敬父母、善待妻子、教育子女、分清敌友等。

要善于理财管家、勤劳俭朴，会调剂个人生活，懂得吃饭、饮酒、娱乐、沐浴、休息、狩猎、打马球等各种规矩。

要学会各种本领，以便将来不论在什么情况下都能立足社会、发展自己，如：要懂得医学、畜牧、天文、星象、诗律、音律、教规、教法，会经商、务农、做工，并具备做文书、法官、大臣、宰相、统帅，乃至国王的能力。

全书虽然内容庞杂、纵横交错，却逻辑严谨、阐述明晰。书的开始部分首先交代了指导思想，之后很有条理地论述了各种问题，最后则从理论角度加以概括总结，指出不论做什么工作都应品德高尚。

* * *

这本书从写成（1082）到现在，已经整整九百年了。虽然时过境迁，变化沧桑，今日读来，却仍有许多给人启迪、发人深省之处。

但是这部书的价值并不局限于教诲的范畴。它的有些篇章还反映了当时的社会生产力和科学技术水平，以及当时医学、兽医学、天文学、测量学、诗歌、音律等各方面的状况，也反映了当时上层建筑的结构，及其法律、风俗习惯等等。作者甚至还论及了兵法。如《论做统帅》一章可以称作一篇军事论文，无怪乎有些伊朗学者认为作者很有军事才能。

此外,这部书还在一定程度上反映了当时的社会生活。有些篇章,如《论买奴婢》反映出直到十一世纪时,在上层贵族家庭中,还在广泛地使用奴隶,并且可以随便买卖他们。

但是历史上的不论怎样有价值的书籍,都有其局限性,这部书当然也不例外。

首先需要指出的是:书中许多内容都明显地反映了作者的封建统治阶级的思想。他甚至引证其他诗人的诗句说:

　　"假若贱奴妄想称霸为王,

　　　掐断他的喉咙也理所应当。"

（见本书第 14 页）

其次,书中还有一些唯心主义的内容。比如:认为根据星辰的运行情况,能"观察到某人的出世,和预测人事祸福"（见本书第 184 页）。认为人还在胎中时,就能"决定其命运",（见本书第 186 页）可以通过相面决定人的职业等等。（见本书《论买奴婢》一章）

我想,我们只要本着取其精华、剔其糟粕的精神研读此书,定能受益匪浅。

　　　　　　　　＊　　　　　＊　　　　　＊

《卡布斯教诲录》写成后,很快就流传开了。人们纷纷传抄,援引书中的警语,讲述书中的故事,把它视为作人的规范、教育子女的教材。

在《教诲录》写出 48 年后,波斯著名的苏菲派诗人萨纳依（1072—1141）在他的名著《真知园》（1130）中,便引述了《教诲录》

中的许多故事,不同的只是改编成了韵体形式。

在此之后,明显地受到《教诲录》影响的,有十多个作家、诗人或历史家。如:穆罕默德·欧菲、卡兹·阿赫玛德·卡法里·霍斯鲁·德赫拉维、加米等。他们不只是只言片语地引证,而是大段地援引《教诲录》的内容或转述其中的某些故事。

真正有价值的著作都会或迟或早地流传到其他国家去。

在《教诲录》写出后不过三个多世纪,奥斯曼帝国的苏丹穆拉德二世(1421—1425 年在位)刚登极不久,便下旨委托阿赫玛德·本·阿里亚斯将《教诲录》翻译成土耳其文(1421—1424 年译成)。

土耳其文的《教诲录》的铅印本也早于其他文字出版,即在1880 年。

《教诲录》的法文译本于 1886 年在巴黎出版。在这之后,德、英、俄、阿拉伯、日文等译本也相继问世。这些译本都不止一次地再版,有的译本(如俄文)一版的印数就达 50,000 册之多。

波斯文版的铅印本于 1868 年在德黑兰出版,之后多次再版。到 1968 年时已达 16 版次。此外,在印度的孟买也曾于 1896 年出版波斯原文的《教诲录》,后来亦再版数次。

＊　　　　＊　　　　＊

前面提到:起初《教诲录》的流传是靠了辗转传抄。因此流传至今的手写本,也就成了价值极高的珍品。那么有几个主要的善本呢?

1. 法塔赫善本:

藏于土耳其伊斯坦布尔的法塔赫图书馆。缮于 1227 年,为最早的手抄本。

2. 里丹善本：

藏于荷兰的里丹图书馆。缮于 1319 年。

3. 德黑兰善本：

藏于伊朗德黑兰国民图书馆。缮于 1349 年。赛义德·纳菲斯曾做过勘正工作,并于 1933 年在德黑兰铅印出版。

4. 不列颠博物馆善本：

藏于英国不列颠博物馆的图书馆中。缮于 1457 年。

5. 巴黎善本：

藏于法国巴黎国民图书馆中。缮于 1474 年。

笔者的中文译本主要根据古拉姆·侯森·尤瑟菲博士所勘正的《Khābus Nāme》(节本)(德黑兰 1968 年版)译出的。尤瑟菲的这个版本是以最早的法塔赫善本为基础,并参考了其他四个善本勘正而成的。由于此版本不是全本,因此,凡缺的部分,除一处笔者根据里丹善本做了补译外,其他各处均根据赛义德·纳菲斯所勘正的《Khābus Nāme》(德黑兰 1968 年版)做了补译。凡补译部分均在注释中做了说明。

再版译者序

波斯昂苏尔·玛阿里《卡布斯教诲录》是一部世界名著,英、德、法、西、俄、阿拉伯等通用文字均有译本。笔者的中文译本曾于1990年交由商务印书馆出版后,被列入"汉译世界学术名著丛书"。记得第一版第一次印刷为5000册,由于很快销罄,第二次加印便是8000册,后来还曾印刷过几次。因宁夏人民出版社要出版一套"波斯经典文丛",其中列有《卡布斯教诲录》,该社也曾加印过两次。这次转回继续由商务印书馆出版之前,我又重新核对过一次原文,作了一些改动,故此版实为"修订本"。

这部《卡布斯教诲录》是直接从波斯原文翻译成汉语的。据说由于受到欢迎,有人又从其他文字(可能是英文)转译出版。虽然转译之书,其词义的准确程度可能打些折扣,但因市场的需求,估计此书的销售情况,也不会太坏。——从中可以看出人们对于波斯教诲书籍新颖的内容和写作风格的喜爱。

中国历来注重对子女的教育,希望能培养成为品学兼优,于家于国均有益的人才。但教育方法偏于生硬,多带浓厚的说教特点。这种风格,大约孔子时期就是如此。孔子的话很多是格言式的语言,如:"君子道者三,我无能焉,仁者不忧,知者不惑,勇者不惧";"君子泰而不骄,小人骄而不泰"等等。就是文学家,只要涉及教诲内容，必定也是板起面孔，讲些大道理，如李商隐《咏史》云："历览前贤国与家，成由勤俭败由奢。"近代一些名人，仍是延续着这种教育方法，如黄炎培写过一首《教儿诗》："理必求真，事必求是；言必守信，行必踏实；事闲勿荒，事繁勿慌；有言必信，无欲则刚；和若春风，肃若秋霜，取像于钱，外圆内方。"

教育是一种方法，目的是为使孩子成才。《卡布斯教诲录》这部书能使父母和师长了解：除却板起面孔，口述先哲的语言，向子女反复重复什么该做，什么不该做——这种"严肃"的教育方法之外，还有一种比较活泼的方法。卡布斯也是教育孩子，既教诲，道理当然不能不说，但他夹杂进自己的经历、故事，形象而有趣，并用诗歌加以概括与总结，耐人寻味，喜闻乐见，孩子愿意听，听得进，效果也就会更好些。

《卡布斯教诲录》有一种理念，很值得借鉴。只要翻一翻目录便会发现，这实际是一部波斯古代社会的百科全书。作为父母、师长要教诲子女、学生。教诲什么？卡布斯认为，首先要传授给孩子的是信仰。也就是我们现在所说的正确的指导思想，或者说"德育"。要教给孩子怎样做人？懂得感念——感念父母，感念师长：善于交朋结友，教育子女，警惕坏人。还要健全体魄，学会生活，诸如打马球，积累财富，托付财物，建房购物等等。要学会各种知识和技能，诸如天文、医学、吟诗、弹唱等等。

我在幼时听说过一个故事：有个老人，他的手指是"魔指"，能够点铁成金。他的孩子想要什么，就能给他什么。他问孩子：你想要什么？孩子十分聪明，说："我就想要你的手指头。我也要点铁成金。"作为长辈传授给后一代的主要不应是长辈依靠血汗换来的物质生活，而应是本领和方法。孩子将来的路，只能由他自己走。孩子们的事业，需由他们去开创，而在他们生活的世界中，会遭遇怎样的困难，前辈人难以预料，只须教诲他：掌握本领和方法，做好一生都迎接困难，战胜困难的准备！卡布斯虽是近一千年前的波斯古人，却十分懂得这一点。卡布斯是贵族，却要教育孩子学会各种技能，如果顺利的话，可以去侍奉国王、做宰相、将军，甚至自己做国王，若生活遇到挫折——很多情况个人力量难以抗拒——也要能伸屈自如，哪怕去做商人，去打工、务农也可以。这样，便永远不会倒下，总能坚强地生存与发展，直到生命的结束。这种人——胜，理所应当；败，虽败犹胜！

正由于这部《卡布斯教诲录》是百科性的著作，因而有些专题文集，如"文化四季·生老病死丛书"①中的《潇洒老一回》、《疾病的隐喻》等书都收入了该书中的有关章节或段落。

《卡布斯教诲录》是这样一部书，使教育者懂得：原来"说教"书籍竟可以写得如此生动、活泼：使受教育者能够愉快地聆听，从中得到启迪和教益，更快地成熟起来。而当成熟后，更能体悟书中内容的深刻，令人回味一生！

如果你是身为人父、人师者，那么就读一读《卡布斯教诲录》吧！你会学到怎样以亲切、通俗、有趣的语言，去教诲儿女、学生。如果你是学子，晚辈，那么就翻阅一下《卡布斯教诲录》吧！将它作

---

① 　该丛书由林石选编，花城出版社 2003 年 7 月出版。

为良师益友。

　　愿《卡布斯教诲录》的读者都能从中受到"智慧、诚实、仁慈"的熏陶！

张　晖

2013 年 4 月 19 日

目　　录

绪　言*

奉至仁至慈的安拉之名

赞美创造世界的真主，并颂扬先知穆

罕默德及其家族①

据说这本教诲录所记载的都是阿米尔·昂苏尔·玛阿里·吉卡乌斯·本·阿斯坎达尔·本·卡布斯·本·瓦士姆吉尔·姆拉·阿米尔·穆玛尼②同他的儿子吉兰沙赫的教诲。

孩子啊！你可知道，我已经年迈体衰，精力殆尽。白发苍苍和满脸皱纹，预示着我的生命将殁。因此我想撰写此书，以使我的思想百世流传。

孩子啊！由于我的名字即将补进先贤们的名册，因此我打算把我对世事之评论、办事之原则都一一记录下来，以留下美名，并

---

① 此句原文是阿拉伯文。

② "阿米尔"，是波斯对于执政者、指挥者以及亲王、王子等人的尊称。"本"意为儿子。即：昂苏尔·玛阿里·吉卡乌斯阿米尔是阿斯坎达尔的儿子，卡布斯的孙子，瓦士姆吉尔的重孙。"姆拉"意为朋友。即瓦士姆吉尔是阿米尔·穆玛尼（即"哈里发"）的朋友。

使你从我的慈爱中获得充分的教益,不仅能在时代的压迫面前坚强不屈,并且能不断地增长才智,以便在两个世界^①中都争得荣誉。你千万不要对此置若罔闻,辜负了我这做父亲的一片心意。假若你对我的教诲不以为然,那么定然会有另外的知音来聆听,接受教导。

当前比较普遍的现象是:儿子对于父亲的教诲听而不闻,不去照办。而年轻人一般又都很浮躁,好像心里装着一团烈火,往往并未进行认真的审视思考,就主观地认为远比自己的父辈博学多才。即使如此,出于父辈的责任及对于晚辈的爱护和期望,使我不能保持沉默。于是我按照自己的习惯,把曾经做过的教诲辑录在一起,择其较为重要者分门别类,并以言简意赅的形式编纂成此书。只要你认真研读,定然茅塞顿开。不管怎样,于我则应该努力尽其父辈之责。正如人们常言所说的:"作为演说家,就要滔滔不绝,口若悬河。即使听众表情冷漠,自己的情绪也不能低落。"

孩子啊!你可知道:人的本性就是要向世界孜孜不倦地追求本应属于他自己的东西,然后再把它遗留给最亲近的人。在这个世界上,理应属于我所有的,就是这本教诲录,而你便是我至亲的亲人。我很快就要去世了,作为遗产留给你的便是这本教诲录。我希望你不要固执己见,警惕沾染恶习。

孩子啊!你是名门贵胄,一言一行都应不愧于这个伟大而高尚的称号。不论你的父亲还是母亲,都属于王族的近支。你的祖

---

① "两个世界",在一般情况下指地界和天界,或此世和彼世。有时也可解释为:肉体的世界和精神的世界。

父沙姆斯·玛阿里·卡布斯·本·瓦士姆吉尔国王,是阿嘎士·瓦哈丹的后裔。阿嘎士·瓦哈丹是吉·霍斯鲁时期的国王。阿嘎士·瓦哈丹的事迹,在阿布·姆雅德·巴拉黑①所撰写的《列王记》中曾有记载。这块吉兰土地就是由他遗留给你的父辈们的。你的祖母,也就是我的母亲,是玛尔兹邦·本·鲁斯坦姆·本·沙尔文亲王的女儿。沙尔文亲王著有《玛尔兹邦纪实》一书。他的前第十三代曾祖卡布斯·本·盖巴德,是正义的阿努什拉旺王的兄弟。你的母亲是卡兹·玛赫穆德·本·纳赛尔丁王的公主。我的祖母是皮鲁赞王和迪勒曼王的后裔。

孩子啊!你现在该清楚了:你的血统有多么高贵,决不同于凡夫俗子。虽然你的表现使我感到欣慰和喜悦,但我认为还应当再多做些教导。

孩子啊!你该知道,我很快就要弃世而去了,而你也终于会步我后尘而来。在这尘世浮生中的一切劳累辛苦,都不过是为永恒的净世所做的准备。而对净世应看得比尘世更为重要。但彼世的一切生活所必需,却都要靠此世来挣得。这就像耕种一样,人们在田地里种植了庄稼,却并不在田地里就地消耗,而是运回村落。所不同的只是其收获物不是庄稼而是善良或邪恶罢了。君子之品德美如雄狮,小人之恶习丑似野犬。野犬一旦捕得猎物,便迫不及待地就地狼吞虎咽;狮子却总是把自己的捕获物拉到另外的地方,慢慢食用。你的猎场便是这个尘世,你所追猎的

----

①　阿布·姆雅德·巴拉黑,是十一世纪时的著名历史学家、作家和诗人。他写有散文体的《列王记》和《世界传奇》等书。他是第一个把约瑟和佐里哈的爱情故事改编成叙事诗的人。

对象即是知识和善行。现在你去驰骋行猎吧！以便能在未来的世界欣享这些猎物，并用此向至仁至圣的主奉献，以尽一个奴仆的微责。谁若想真心敬拜并顺从至尊的主，就必须像柴火一样，它愈谦卑地倒置，火焰便愈旺愈烈。绝不能像水那样，它上升得愈高，向下栽得却愈急愈重。其结果只会是远离，甚至悖逆至尊的主。所以只有把自身看得卑微低下，才能对神圣的主信仰诚挚。

啊！至德至善的安拉①！您所成就的此书，共分四十四章，即：

第一章 论认识至尊的真主

第二章 论创立世界和颂扬先知

第三章 论要对主感恩戴德

第四章 论对富有者的额外要求

第五章 论感念父母之恩

第六章 论高贵有赖于才智

第七章 论慎思择言

第八章 论牢记圣王阿努什拉旺的训谕

第九章 论老年和青年

第十章 论饮食的节制和饮食的规矩

第十一章 论饮酒的规矩

第十二章 论请客和做客

---

① 此句原文为阿拉伯文。

第一章　论认识至尊的真主

孩子啊！你可知道，宇宙间没有不为人们所了解的事物，不论它们正存在着，或者已经消失了，还是将要出现。唯有光荣伟大的造物主不能被人们所认识。除真主之外，任何事物都是可以认识的。可以把了解"不可了解的真主"比喻为在坚石上打印记。了解者如同印记工。他只有打印记的意愿还不够，因为并不是任何物体都能被打上印记的。难道你没有看到：由于蜡比石头较容易打出印记，所以能用蜡来封印，而用石头则不行吗？总之，任何事物都是可认识的，唯独真主不可认识。

你能述说出自己周围事物的情况，但决不能想象出真主的形象。当你看到了具体的物品时，就应当立即想到创造它的是谁。一刻也不要被具体的事物遮蔽住眼睛，而忽视了对造物者的感谢。因为不论"一刻"多么短暂，都要占据一定的时间，而时间都是有首有尾的一个过程。

由于世界的大门总是紧闭的，不会慷慨地开启，所以不要期待从它那里得到施舍。应当专心致志地向造物主祈愿慈爱和恩惠，而不要去徒然想象真主本人的形象。否则就会像一个迷路

失津的人，专门在错误方向上去寻路一样。正如先知①（祈真主
赐福于他）所说的："应当专心一意地向主祈愿施恩，而不要去想
象真主本身。"②假如造物主不以神圣的经文约束子民，并为他们
指明道路，他们是不可能接近至尊至圣的主的，所以你在至圣的
主的尊称上所加的每一个形容词，每一句颂扬都应当是一个弱小
者的内心的呼声；因为对于伟大的主的仁慈和恩泽，你无论怎样
赞美，也是不能穷尽的。既然你连颂扬主的资格都没有，还奢谈
什么认识主呢？

　　只有主才真正是独一的，你无论如何也不会成为独一的。当
认识了"独一"这个真理后，才能成为真主的虔诚的信徒。只有至
尊的真主才是独一的，除此之外，都存在两个以上。比如：事物的
特点都是双重的；物体之所以能够排列，是因为有两个以上；有单
数，便有复数；有共性，便有个性；有延伸，便有衔接；有本质，便有
现象；有正面，便有反面；有母体，便有繁衍；有主要，便有次要；有
这种可能，便有那种可能；与此相似，也能与彼相似；有这种要素，
就有那种要素；指地点，便占有一定的面积；指时间，便有一定的
局限；有特殊，就会有一般；有质量，便有数量；有犹豫，也就有所
肯定；但是唯独对于真主却难以置言。一切事物都能找到与之相
对立、相区别的另一事物，都有其形象，都能与它物相比较；所有
这一切都有双重性；然而只有真主却是不可名状的。

---

　　①　"先知"指伊斯兰教的创始人穆罕默德·穆斯塔发。
　　②　此句原文是阿拉伯文。

所以,在你心中所应树立的独一性,不是对主的具体的形象,而是创造了万物的至尊的主。要把这看做是毋庸置疑的。主是至高无上的,他的名字是光荣圣洁的。①

---

① 　此句原文是阿拉伯文。

第二章　论创立世界和颂扬先知

　　孩子啊！你可知道，至尊的主创立世界，并非随心所欲、不拘绳墨，而是符合天经、遵循地义的。在他看来，实有优于虚无，健全优于腐朽，富足优于贫乏，美丽优于丑陋，智慧聪睿优于愚昧无知。所谓"符合天经"，是指应舍弃昏聩妄言；所谓"遵循地义"，是指应选取美善明智。

　　他有神奇的能力：虽然不是太阳，却光照大地；虽然并非浓云，却普降甘霖。他能够不用基本元素便创制出新的物品；不看星辰、日、月，便知人们的生死寿限。是的，他所创造的世界都是遵循着一定的义理。

　　他能让一些事物生存，而让另外一些事物消亡。正是他，能使世界上分出尊、卑、贵、贱，否则社会定将紊乱。任何事物都应有合理的秩序，因此也就需要有调节这种秩序的人。作为社会，也同样如此。之所以有胜利者、有失败者；有的卑贱、有的高贵，一切都有赖于伟大的真主。虽然你能感到真主的存在，却不会了解到他的意图。虽然你不知他在如何主宰着世界，也看不到他的形影，却能感觉到他的确在主宰着一切。

　　假如土地不能结出硕果，请不要责怪土地；而若星辰不能为你带来吉祥福运，也不必诋毁星辰，因为星辰虽能标示吉凶，它却和土地一样,其本身是无能为力的。当土地十分干旱时,便结不出任何的果实。星辰也是这样,它自己并不知道会带来怎样的吉凶。世界的安排根据了一定的义理,符合义理,才能结出累累之果,所以主所创造出的世界并不是杂乱无章的。

你可以看到真主所创制出的动物和植物,衣着和饮食,以及一切美好的事物,都是遵循着一定的义理。正如经书中所写的:"我没有以游戏的态度创造天地万物,我只本着真理而创造之……。"①

你可知道,真主从不随随便便地施惠予世界。他所赐给的恩泽与给养都是有意义的,都是为了满足你每日的必需。真主创造了人,而人需要饮食,于是造人之后,又为人准备了一切的给养。而人还需要文明和秩序。没有文明和秩序,便不会脱离野性,而显得粗鄙浅陋。假如受惠无穷却不知谢恩,那便是不懂事理,忘恩负义。而至善的真主是不愿向野调无腔者施惠的。正如经书中所写:"在天上有你们的给养。"②

正因为如此,真主给世人派遣来先知,以便把恩惠、知识和衣食传送给世人。并教导人们感谢施恩者,使他们懂得:创造世界是遵循着正义的原则进行的。凡正义者都是合理的。而这一切合情顺理的事物,都是真主的恩泽,都为人们日常所享用。但这

①　见《古兰经》第四十四章烟雾(睹罕)第 38、39 节。

②　见《古兰经》第五十一章播种者(达理雅特)第 22 节。有的版本引的是第三十一章播种者(达理雅特)第 56 节里的话:"我创造精灵和人类,只为要他们崇拜我。"也有的版本摘引第九十六章血块(阿赖格)第 5 节的话:"他曾教人知道自己所不知道的东西。"

些恩泽只有通过明了神意的先知才能传送给世人。所以，假如只知享用至尊的真主的恩惠，却忘记了传达神意的先知，是很不对的。因为没有先知的指引，世人是得不到真主的恩惠的。你已看到真主是多么至仁至尊，慈爱无边，施惠于万民，为世人带来希望。他派出使者，以便把惠赐传送于民，而他的使者忠于职守，尽心尽力，因此世人也应当为这些忠诚的使者，即先知们祝福。笃信他们的信仰，感念他们的盛德，并且每日履行拜功，敬祷真主，以长留美名，得到人们的称赞。

第三章　论要对主感恩戴德

孩子啊！应当感念大慈大悲的主的盛德，即使按照常理而不从良心出发，也该如此。为了谢恩，即使倾其所有，也不及主的恩德的千分之一。

按照礼节，在接受真主的厚惠之后，有很多微表谢意的方式。为此，伊斯兰教提出了五个方面的要求：有两个方面是专门针对富有者的①，但是另外三个方面，一般平民百姓也应当做到，包括：心口如一、言行相符；每日五次祈祷；每年三十天的斋戒。

但是对真主所陈述之词必须千真万确，否则主是不会接受的；向真主祷告时，要时刻不忘自己作为奴仆的身份；斋月期间，要不断念及真主的伟大。当说道"我是你的奴仆"时，要真如戴上了奴隶的镣铐；当说道："你是一切的主宰"时，必须真心对他俯首听命。假如说道"你的奴仆完全顺从于你"时，便不能表现出一丝的违忤；因为你若对真主不敬，你的奴仆也会对你叛离。你应清醒地看到：你对你的下人所施的小恩薄惠，若同真主对你的大恩厚惠相比，只能相形见绌。不要做那不能驭使的奴仆，奴仆若对主

---

① 这两个方面一是"课"或"济"，即纳天课，救济贫民；一是"朝"或"游"，即：朝觐麦加。

人桀骜不驯,愚鲁不忠,必然遭到身败名裂的下场。正像诗人所云:

诗　歌

假若贱奴妄想称霸为王,

掐断他的喉咙也理所应当。

你要明白,之所以要祈祷和斋戒,是为了表示对真主信心坚诚,决不容许对真主有丝毫的亵渎,否则,还比不上一般贱民。只有坚持拜功,才能说明对真主的虔诚和对信仰的坚定。谁若放弃拜功,背离信仰,便是叛教行为。叛教者在此世是犯了死罪,名誉也要完全扫地;而在彼世,还将受到至尊的主的惩罚。

孩子啊! 你还应当警惕:在祈祷时不能有丝毫的杂念潜入心中。千万不要认为在祷告时有点邪念也无所谓。假如信心不诚,私念滋生,祈福还怎能有效果? 若想使默祷产生效果,必须首先衣洁身净,外表不能肮脏;其次决不能傲慢狂妄,而要谨慎谦虚。因为虔心有赖于虚心,只有处处谦卑恭谨,才能对真主驯顺服从。才智之士向来认为:物以类聚,人以群分。不幸者总是与不幸者同病相怜,共济时艰;而有幸者则总是与有幸者心心相印,欢乐与共。饱学的圣人还主张:只有信奉伊斯兰教,才能获得福运,万事顺心。你若想得到荣华富贵、安闲逸乐,就必须与那些孜孜不倦追求幸福者共命运,而不要相反,即不要与那些倒运的小人多来往。

孩子啊! 你要警觉:祈祷时决不能轻浮烦躁,搔首弄姿;也不能在还没有做好躬身、跪拜,以及精神散漫时,就急忙祈祷。这些恶习会造成信仰不坚,玩世不恭。

分　章

孩子啊!你可知道:只有愚氓无赖才不遵守每年一月的斋戒。而这是一种罪恶。凡智人雅儒都会克己禁欲,坚守斋戒的。你应当在斋月时,遵守禁忌,按规定封斋与开斋。你应当同谦逊睿智的学者、清苦的禁欲者、宗教法官、教义传宣使以及教法执行官这五种人多交往,听从他们的训诫。因为他们对于斋戒,总是一丝不苟地执行。而不要被那些蠢人们的虚妄怪诞之词迷惘。你该清楚:真主并不希图从你的温饱和饥饿中得到什么,之所以要封斋,是为了在世上留下自己的印记。这种印记不是印在大地上,而是镌刻于所有人们的心中。所以封斋期间,你不但应当"封闭"自己的口,还需要"封闭"自己的手、脚、眼、耳、舌,以至于阴部。此外,还要讲究卫生、避开房事、严守禁忌,真正达到斋戒的"封闭"的目的。

你可知道:在斋戒期间,最重要的一件事,就是白天不进食,只能在晚上就餐。这是为了使你能用白天节省下来的食物去周济穷人,以解脱心灵的忧苦。你一定要认识到:为了对主表示顺从,对主向所有世人提出的三项要求,决不能找任何借口不去执行。即使敷衍了事、懈怠马虎,也是一种罪愆。但是专门对富人提出的两点要求,当不能执行时,是可以得到谅解的。关于此事,三言两语难以阐明。但是我们应尽自己的所能,以期得到好的报应。

第四章　论对富有者的额外要求

孩子啊！你可知道，由于富人们是特殊的奴仆，有能力朝圣和纳天课，所以至尊至圣的真主对他们才有这两项额外的要求。他向富有的人们提出：必须朝拜天房。但是并不要求穷苦的人们也都这样做。这同世间相仿。难道你没有看到：同国王打交道的不都是达官贵人们吗？

再有，让那些不具备条件的人也都朝觐麦加，是不明智的。他们会因饥饿、疲累而死于途中。而富有者则不同。他们若不去朝圣，便不会得到更多的幸福、欢乐和优惠。

世界上最令人欢快和欣慰的事情，莫过于见其从未所见、食其从未所食、获其从未所获了。而这一切，只有通过旅行才可能得到。旅行能够真正使人长见识、长经验、感到幸福。并能够见其未曾所见、闻其未曾所闻。这正像阿拉伯民谚所云："耳闻不如眼见。"①也如波斯人所说：

---

① 此句原文为阿拉伯文。

诗　　歌

识广学深者——受人仰慕，
见识浅薄者——无人光顾。

真主把出外旅行的福分只给了富人，就是为了使他们能有机会施舍钱财，欣享天恩并拜谒天房，聆听至圣的主的训教。他并不要求乞丐和穷汉们也都这样做。我写过这样两"联"诗：①

诗　　歌

假如因我清贫，友人们不予理睬，
我将感到无比痛苦，羞辱难耐。

但应当感念创造两个世界的真主——
当他不把贫僧贱民邀入自己的住宅。

为什么呢？因为贫穷的人假若一定要坚持朝觐麦加，就可能在途中倒毙身亡。穷人一定要去做富人才能做的事情，这就如同一个病人非要去同膀大腰圆的大汉比试一样地自不量力。人们

---

① "联"，波斯文呼做"别特"，由两行相互照应，彼此连贯的诗句组成。波斯诗歌一般都是由"别特"组成的。

流传着一个关于这方面的故事。

故　　事

我听说过一个穷人和一个富人同去天房朝圣的故事。那个富人是布哈拉①的总督，拥有万贯家产，整个旅队没有人能同他相比。旅行时他用一百多头骆驼驮着衣食用具，自己舒舒服服地乘坐着驮轿。即使来到了荒无人烟的旷野，他的舒适安逸，也无异于置身家里。成批的富人、贫民都纷纷依附于他的旅队。

当快到阿赖法特②时，走来一个穷汉子，只见他满身恶疮，褴衣跣足，神情疲惫，饥渴交加。他一眼瞥见坐在驮轿中、欢乐悠闲的富翁，便走上前去说："到了天国我们得到的奖惩能够一样吗？在旅途中，你是那样地舒适惬意，而我却如此地艰难困苦！"布哈拉总督向他睨了一眼，开口道："至尊的主决不会把我和你等量齐观。如果我预先知道你我会在这里相遇，我决不到这荒山僻野中来。"穷汉问道："为什么呢？"

总督答道："因为我执行真主的指令一丝不苟，而你却对此充耳不闻；我是受到召唤前来做客的，你却是尾随着他人而来的；尾随者怎么能和被邀请的宾客同日而语呢？至尊的主只邀请富人

---

① 布哈拉是波斯古代的城市名，曾是萨曼王朝的京城。现在苏联境内。

② 阿赖法特是麦加附近的一座小山。回历十二月九日那天，到麦加朝圣的人们，都要聚集在这里，向真主祈祷。

参加巡礼,却对贫困者说:'你们不要自毁身亡。'①你对于至尊的主的圣谕置若罔闻,竟然拖着孱弱饥渴的身躯,来到这荒凉野地,把自己置于死亡的边缘。请问:怎么能够把对真主的旨意漠然视之的人,同丝毫不逾越真主的圣谕的人相提并论呢?凡是来麦加朝拜的人,都必须家境殷实富裕,且能施舍钱财,切实遵照至尊的主的旨意行事,而不能像你那样不具备巡礼的条件,也一意孤行。"

要知道,巡礼须有五个条件:富裕、好施、闲暇、禁欲和安乐。

当你竭尽全力争取这五个条件时,还必须一刻不忘对主的敬拜和顺从。此时,即使你还没有朝圣,没有实现自己的愿望,伊玛目②也不对你表露出丝毫的不满了。

另外,还须纳天课税,富有的人不能找任何的借口不去赈济穷人。

崇高的主向来把能够纳天课的人视为至亲好友。施恩者和受惠者之间的关系犹如国王和子民。国王施与给养,子民得到恩典。

伟大的主使得人们有不同的命运。即一部分人贫穷,一部分人富有。凡精明强干的人,都能成为富人。主之所以把人分成两大集团,是因为只有如此,才能有贵族与奴隶之分,尊贵与低贱之别。

假如国王叫一个仆臣代他去施斋,而这个仆臣并未照办,却

---

①　见《古兰经》第二章黄牛(百格勒)第 195 节。

②　"伊玛目"原作阿拉伯语,最初作"表率"、"领袖"解,为逊尼派内各种学派创始人或著名宗教学者的尊称,也是历史上伊斯兰教国家元首哈里发的别称。后来什叶派所拥戴的政教首领、清真寺的教长、穆斯林集体礼拜时的领拜人,也都称"伊玛目"。

把斋品都吞吃了,国王知道后,定然怒火填膺。同样情况,假若富人只顾自己安闲逸乐,而不去行善积福,至高无上的真主也会要勃然大怒的。

纳天课一年只需一次,而平日的施舍却不在教律的规定范围之内,但这更能够表现出一个人的高尚与仁慈。只要你能够施舍,就不要吝惜。乐善好施的人,总能得到神圣的主的保护,得到主的天恩。

你可要警惕自己啊!千万不要对朝拜和天课心怀不满,态度犹豫,认为是多此一举;千万不要说什么:"干嘛非要远行千里、身披衲衣、不剪指甲、不剃须发呢?若有二十个迪纳尔金币,为什么一定要抽出半个来作为'天课'交纳?又有什么必要用牛、羊、骆驼来祭祀呢?"在这些方面应当保持内心的纯净!不要认为凡你不懂得的事情,都无关紧要。其实,有许多有价值的东西我们并不了解。你应对真主无上虔诚,一切行事遵循真主的旨意,不容有丝毫犹疑。而由于感念父母之恩是真主的意旨,所以凡对主虔敬者,也必然敬爱自己的父母。

第五章　论感念父母之恩

孩子啊！你知道：造物主为了使世界繁荣兴盛，便让生物都具备繁衍的能力。而由于子女均系父母所生，所以子女理所应当地要尊敬父母；没有父母也就不会有你。因此决不要说："我对父母要尽什么责任呢？生儿育女，是情欲的结晶。"——但是这种情欲已转化为慈爱。他们为了你宁可舍出性命。

你对父母不遵从孝敬，或许认为他们不过是造物主和你之间的纽带而已。但是你对于造物主的崇拜，不正是父母纽带的作用吗？尤其是在幼儿时，几乎须臾也离不开父母的慈爱和教导。

至尊的主在《古兰经》上这样记载着："'你们来向真主和使者起诉吧'，要听从教导。"①这一句有几种解释，这里把"教导"理解为"父母的教导"较为恰当。其阿拉伯文原意包括两个方面：一是教养，一是训导。即父母对其子女既养育又教育。所以父母是能够将你培养成人的，你对他们的教诫应该洗耳恭听。

孩子啊！你应注意：决不能对你辛苦勤劳的父母态度冷漠、处之淡然。造物主是赐予父母亲许多权利的，他说："你不要对他

---

① 见《古兰经》第四章妇女（尼萨仪）第 61 节。

俩说：'呸！'不要呵斥他俩，你应当对他俩说有礼貌的话。"[1]

据说人们问阿米尔·穆玛尼·阿里[2]（愿他有福和安息）："儿女对父母应尽什么责任呢？"回答说："伟大的真主在父母的葬礼之际也要举哀拜挽，他对穆圣（愿他在天有福）启示道：即使对于先知，也要认定其父母远比自己尊贵，而在他们面前表现得卑微谦恭，尽其儿女之责。此时他甚至说出了如下谦卑的话：'我虽是万民之主，却也不敢有一丝傲慢。'[3]"

假如不是从宗教的角度，而是从伦理和常情的角度去看待父母亲的话，父亲、母亲是慈爱的花圃，是培育你的根柢，面对他们的恩情，你是负罪者。你应懂得回报父母的慈恩——慈恩犹如本金，付出本金，就应收得利息的道理。粗俗无礼会导致忘恩负义，因而你不要学那种无礼粗鲁的行为举止。

你对父母的态度，应当是你期望子女对待你的态度。你从对子女的期盼中，能够领悟父母对你的期待。打个比方说：父母就像一棵果树，子女便是树上的果实。只有对果树细心地关照，才能结出丰硕饱满的果实。因此你一定要对父母恭敬谦逊，感念他们对你的慈训和祈福，并且所言所行尽量使崇高的主欣然满意。

你还要注意：不要为了得到父母的遗产，当父母健在时，就觊觎将来注定属于你的财物。遗产是父母双亡之后留存给你的，以便使你能不为衣食而奔波，以致每天都搞得精疲力竭。有句俗谚

---

① 见《古兰经》第十七章夜行（伊斯拉）第 23 节。

② 他是穆罕默德的堂弟和女婿，伊斯兰教的第四任哈里发（656—661），什叶派的第一任伊玛目。

③ 此句原文为阿拉伯文。

说得好:"命由天定,不靠努力。"①

你每日的衣食所需,都是至尊的主的惠赐,你应当永远表示心满意足。只要你不去总盯着那些比你富裕的人,而是常去想想那些比你贫俭的人,你自然就不会怨天尤人了。

你应当像为了化缘而整日求乞的游方僧那样地去学习知识,以便成为一个智者。因为获得知识远优于聚财敛物。蠢人们的钱财很快就会挥霍干净,而知识呢? 小偷偷不走,大水冲不掉,烈火烧不坏。如果你是个智者,就要以自己的智力去学习知识、技艺。不掌握知识、技艺,不能体现文明,没有文明,就像一个人不着衣服,没有脸面一样。正如民谚云:"文明礼貌是衡量有无知识的尺度。"②

---

① 此句原文为阿拉伯文。
② 此句原文为阿拉伯文。

第六章 论高贵有赖于才智

孩子啊！你可知道：毫无才智可言的蠢人，不论何时都是个废物。这就像满身是棘刺的树木，徒有树干，却无树叶。于自己无利，于他人无益。那些名门望族即使缺才少智，但是靠着显贵的地位，仍能博得人们的尊敬。最糟糕的是那种既无高位，又无本事的人。最理想的是：不仅出身高贵，而且识广学深。因为聪明才智优于好的出身。正如智者所云："应去追求真才实学，不要过于看重出身的贵贱。"①也就是说：一个人的伟大与否，主要看他才学的深浅，而不在于是否贵胄。你不要依恃父母争得的荣耀抬高自己，而应当通过自己的才智获得自己的荣誉，以加法尔、兹雅德、阿姆鲁、奥斯曼和阿里的名义去做一个学识渊博、聪慧睿智的哲人。假若一个人既没有贵胄血统，又没有聪明才智，不会受到人们的景仰。当你发现谁有贵胄和学识这双重特点，就应主动与他交往，尽管他可能忙得日理万机。

你知道，人最重要的一个本领，是有谈吐应变的能力。我们的造物主是至尊至圣的，在他所创造的一切事物中，人是最优越

---

① 此句原文为阿拉伯文。

的。同其他动物相比,人有十大优点。其中五点是外在的,五点是内在的。内在的五点包括:思维、记忆、想象、分辨和说话。外在的五点是指:听觉、视觉、嗅觉、触觉和味觉。这些特点有的虽然在动物身上也能看到,但却比不上人类的优越。正因为如此,人才称之为万物之王,一切都任他摆布。

你既然懂得了这些,也就明白了掌握说话艺术的重要。你的说话应能引人注意、言简意赅,常言说:"言之在理,追随者众。"

说话要尽量有的放矢,适时适事。无的放矢,不看对象,尽管滔滔不绝,也会令人耻笑。空空洞洞,言之无物,只会使人厌烦,不足为取。废话连篇,有百害而无一利。谈吐平庸,味如嚼蜡,不如缄默不语。智者的说话向来微言大义,有如芳醇,使人既如醉如痴、透彻心脾,又能步出迷津,豁然开朗。应当力避所答非所问、生硬穿凿、缺乏蕴意,而应当恰中要害、真切意深。

不要规劝那些不听规劝的人,特别是那些固执己见、自以为是者。他们迟早要跌跤的。

不要在众人的面前教训某人,智者曰:"当着众人之面的厉言训诫,无异于恶语谩骂。"①

假如一个人执意在邪路上下滑,你便难以把他拉回。这就如一棵树一样,一根枝条长歪了,是不能把它正直的。除非锯掉,否则便无法使它长得直挺。

对人应以善言相待,并根据能力所及,慷慨解囊。因为众人

_____

① 此句原文为阿拉伯文。

更倾向实惠，而非善言许诺。

不论对谁都不能粗言詈骂、出语污秽，对朋友则不能默默诅咒、祈灾降祸。

对自己不要估计过高，吹嘘夸大。否则一旦被人看穿，便会尴尬自羞。自我介绍应切合实际，恰当适量。

不要在他人遭灾时暗自高兴，以免别人对你也幸灾乐祸。只有乐于助人，才能得到八方支援，好言待人，听到的才会是善语。

不要到盐碱地上去撒播种子，并去做无谓的耕种。不要对忘恩负义的人以仁慈——这就如同在盐碱地上播种那样得不到结果。却应当给予善行以善的回报，要学会择善而行。常言云："善待他人，便是积德积福。"①

良言隽语和乐善好施是一对孪生兄弟，而它们是与时代息息相通的。对做过的善事不要后悔，在你到另一个世界之前，不论善恶，都会得到报应的。假若你善待别人，而使他们欢欣怡乐时，你的心中定然感到舒畅惬意。但当你虐待他人，为他人带来痛苦时，你则将心情沉重，抑郁不舒。所以你对人不要心怀恶意、刁钻促狭。因为你给别人忧愁时，你得到的也是忧愁。而你给别人欢乐时，你得到的也会是欢乐。很明显，在你离开此世到彼世之前，不论你的善举或恶行，都会得到相应的报应。任何人只要认真地把自己一生的善事与恶事做个思考，都不会否定我的这些话的，而将认为我的见解多么正确。所以你一刻也不要忘记行善积福，

---

① 此句原文为阿拉伯文。

它迟早会有一天得到好的回报。

故　　事

我听说，牟塔瓦开勒①在巴格达做哈里发②的时候，收养了一个小奴隶，给他起名叫法塔赫。牟塔瓦开勒让这个小奴隶享受贵族待遇，每日养尊处优，并教给他各种知识和礼节，完全以自己的亲生儿子相待，甚至有过之而无不及。

法塔赫要学游泳，于是就让人把他带到底格里斯河，让水手们教他。法塔赫年龄尚小，水性也不好，却很自信——就像其他的孩子们一样——自以为已经学会了游泳。

一天他想去游泳，但却没和水手们打招呼，就自己跑到河边，跳进了水里。水流湍急，一下子就把他卷走了。法塔赫这时才明白了，他在水里并不能自如，于是只好随波逐流，任凭水流把他冲到陌生的地方。不一会儿，流水把他带到了一个河边的小湾。这个小湾因淤泥水很浅，所以他才得以挣扎着坐起来，并仰天浩叹道："苍天真是有眼啊！我竟能逃脱死亡而得救。"就这样，他在那里待了七天。

在法塔赫被丢失的当天，人们便立即把他如何跳进水里，而

---

①　全名叫牟塔瓦开勒·阿里·阿拉·哈里发·阿巴斯，他于846—861年在巴格达做哈里发。

②　哈里发原为"继承者"的意思。穆罕默德死后，其岳父阿布·巴克尔任伊斯兰教教主(632—634)称"哈里发"。后来教主皆袭此称。中世纪时土耳其皇帝及波斯国王盈兼任教主，所以亦称"哈里发"。为一种政教合一的政权。

被大水卷走的消息告诉了牟塔瓦开勒。他骤然听到这个噩讯时，竟头晕目眩地一下子从宝座上栽了下来。他把水手们都召来，下令道："谁要是能找到法塔赫的尸首，并带到这里来，我立即赏赐他一千迪纳尔①金币。"他还立誓说："如果找不到法塔赫，我见不到他，从此便不再进食了。"

水手们纷纷跳进底格里斯河，潜游水中，到处找寻。一直到第七天的头上，一个水手偶然游进了那个水湾，一眼看到了法塔赫。水手异常高兴，对法塔赫说："你先别动，我就找条船来。"

他晋谒牟塔瓦开勒，问道："与天齐福的王上啊！如果我把法塔赫活着带来，您能给我什么恩赏呢？"答道："五千迪纳尔金币。"水手说："我已经找到他了，还活着。"于是他便乘船去把法塔赫接了回来。

牟塔瓦开勒立即按照所许诺的，给了那个水手厚赐。他并向大臣下令道："到我的库房去，把我的各种宝物都拿出一半施散给穷人。"

他又下令："赶快备来食物，法塔赫已经饿了整整七天了。"但法塔赫却说："福寿齐天的父王啊！我挺饱呀！"牟塔瓦开勒说："难道底格里斯河的河水能够充饥？"法塔赫解释道："不，这七天我真的没有饿着。每天都有一个木托盘顺水漂来，上面放着二十张薄饼。我总设法把它截住，取下两张来充饥。我正是靠着这饼才活下来的。在每张饼上都印着'鞋匠穆罕默德·本·侯森'几

---

① 迪纳尔，是波斯古代一种钱币名称。原文是希腊文 De árina。在不同的时期，币值也有所不同。

个字。"

于是牟塔瓦开勒便传下圣旨:"向全城喊话:问一问那个向底格里斯河里放进薄饼的是谁? 叫他到我这儿来,就说:至上的君王要给他厚惠。"第二天,果然来了一个人,说:"我便是您要找的那个向底格里斯河里放薄饼的人。"牟塔瓦开勒问道:"怎么能证明呢?"答道:"在我的薄饼上都印着'鞋匠穆罕默德·本·侯森'的字样。"又问:"看来是你了。那么,把薄饼放进河水中这件事,你从什么时候就开始做了?"回答说:"一年前。"又问:"为什么要这样做呢?"答道:"我听人这样说过:'行善吧! 即使向河水投食,也能赢得回报。'我没有做过别的善事,我所能做的只此而已,并未想会得到怎样的回报。"牟塔瓦开勒听后便说道:"你能够把听到的付诸实施,理应根据你所做的,得到相应的报酬。"于是便赐给他巴格达城门附近的五个村庄。

这个人有了这些庄园,立即阔气起来。现在他的子孙们还都居住在那里。在卡艾姆·巴拉赫①时期我去巡礼时,至尊的主给了我一个机会前往那里拜访。我还看到了那个人的后裔。

这个故事我是从巴格达的一些耆绅那里听来的。

因此你应尽量多行善事,永不厌烦。对人们要能仁爱善待,乐于扶助。千万不要说一套、做一套,言行不一,口是心非,挂羊头,卖狗肉。不管处理什么事情,都要为人正直、办事公道。只有公正的人,才不会受到良心谴责。

━━━━━━━━━━

① 他的全名叫阿布·加法尔·阿卜杜勒·卡艾姆·巴拉赫,阿巴斯王朝时,于1031—1074 年任哈里发。

当你在欢乐或痛苦时,应当去找同你心心相印的人共享欢乐、同担痛苦。而不要到处诉说,闹得满城风雨。不要像小孩子那样的一碰到高兴的事,便神采飞扬;一遇悲伤,便愁眉苦脸。当身处逆境时,仍应信念坚定,是非分明。由于欢乐可能转化成烦忧,所以高兴时不要太过分。而在不幸时,要充满希望,因为祸事中往往隐藏着福音。正像福运中也蕴含着不幸一样。要认定世上的一切事情都将像过眼的浮云一样会飘走的。

要有铮铮硬骨,不为荒谬折腰。谁若对你暴虐,不必理睬他,而把他的恶行公诸天下。如果无赖同你无理纠缠,则应沉默不语。但是对待别人的痛苦,则不该等闲视之;要重恩情,讲义气,尤其对自己的亲人更应如此。

要举止儒雅,多行善举,并要和蔼可亲,尊敬长辈。先知(愿他在天有灵)说:"部落中的尊长、家族中的前辈,由于见多识广、德高智明,理应受到众人的敬仰。"①但是对他们的缺欠,也不必有意遮掩,正像你所看到的:一个人总有长处,也总有短处。

假如受到敌人的威胁,一定要设法尽快地消除危险、确保安全。千万不要在大敌当前时高枕无忧;吃定心丸,不为明智之举。

要学习他人,博采众长,以增加智慧和学识。假如认为不学无术也能名利双收,那么终会因惰学而变得愚顽不化。假如能勤于学问、不耻下问,就会把无知愚昧视为羞事。只要看看一个人知识的多寡、技能的高低、会为他带来怎样的结果、使他如何地得益或受害,就会明白,你该怎样去趋利避害,也就不会看重那些人

---

① 此句原文为阿拉伯文。

们所追逐的眼前利益了。

一定要注意:决不能做那些损人利己、伤天害理的事情。

你应当既知书明理、又勤奋好学。这能为你带来两个好处:一是得以充分发挥才干、施展本领。二是得以学到还未掌握的知识。

哲学家苏格拉底①说:"有本事胜过有钱财;品行坏的人也比仇敌强;伟大与否在于知识多寡,而非地位高低;爱虚荣不如知羞耻。"

要抓紧一切机会进行学习,不管在什么时候,也不管处于什么情况,为了求得知识,不要放过一分一秒。如果知识还不够完备,那就不仅要向智者学习,还要向蠢人学习。之所以有向蠢人学习的必要,是由于当你用心灵的眼睛看到他们的无知、并经过聪慧的思考后,就能了解到他们的愚拙浅陋之所在,便可反其道而行之。这正如亚历山大②所说的富有哲理的话语:"我不仅能从朋友那里得到劝诫,而且敌人也能给我以训导。有时我做了错事,朋友们出于爱意,有意将它遮掩,以致使我不以为然。然而敌人却会出于敌意而到处张扬,于是我便认识了我的错误所在,而将它改正与避免。所以说我不仅能从朋友那里,而且能从敌人那里学到东西。"对于知识也是这样,不仅向智者,也应向蠢人学习。

---

①　苏格拉底,古希腊著名的哲学家。大约在公元前 470—前 468 年生于雅典。公元前 399 年被当时统治者指控为以邪说惑众,不崇信国教而判处死刑。最后他服毒自杀。

②　亚历山大(公元前 356—前 323)是马其顿国王腓力浦的次子。继位后,先后征服了希腊、埃及、波斯等国及印度的西北部。建立了大帝国。史书称他为亚历山大大帝。

不论是大人物，还是小人物，都要努力学习文化知识，并走在其他人的前面。因为当你掌握了其他人尚未了解的知识，并能遥遥领先时，人们自然就会认为你才学过人，而对你刮目相看。

聪明的人看到自己吸收知识的能力强于别人时，会加倍努力，而使自己学识渊博。于是本领也就会比别人更大。学深识广能够使你成为同侪中的佼佼者。庸人永远不会把钻研学问引为乐事。所以应当提倡勤学苦练，而对惰学者以强迫是十分必要的。正像人们所说的：

"惰学者必然身体懒散。"而身体懒散者，并不愿听逆耳忠言，使自己振作起来，增强能力。懒惰的人喜好闲适安逸，而不愿服从他人。他们好逸恶劳，拨一拨，动一动，没有明确的目标，懒于主动地去做任何事情。因此你应当强迫自己克服惰性，善听规劝，否则你只能成为不学无术的人。

假如你不以坚强的意志刻苦钻研，你是掌握不了两个世界的知识的。而一个人的至美至善则要包括：学识宏丰、品德高尚、谦逊慎行、纯真正直、清心寡欲、温文尔雅、忍耐若愚、知耻知羞。

关于羞耻，有句话曰："有信念者才知羞耻。"尽管如此，在许多场合，羞耻是对一个人的严重考验。假如羞涩使自己难于进行一些重要工作，则要消除羞怯。但在某些场合，无耻成为达到某种目的的手段，则会有损于自己的形象。应当羞于恶语谩骂、吝啬苛刻、不守贞操、无稽妄谈等，而不背离美的言行。然而许多人为了自己卑鄙的目的，竟全然不顾何为羞耻。正像知羞源于信念一样，纯洁产生于知羞。应当了解：知羞与无耻，虽只有咫尺之差，但却泾渭分明。可以说：知羞是善的前奏，无耻是恶的开端。

但是切勿把白痴视为正常的人,把恃才傲物的"智人"看作学者,把愚昧无知的隐士当成高僧。不要同蠢人交谈,特别不要理睬那些自以为博学多才的傻瓜。

不要自作聪明,而应多请教才高学深的人。若同他们多交往,你定能受益匪浅。这正像芸苔籽油,当用玫瑰和紫罗兰花儿熏制后便有了芳香一样。你同博学者在一起,也会受到他们的熏陶。

对于他人的善举要能感恩。千万不要忘恩负义。对向你求助的人,切不要污辱。因为"求助"已使他痛苦负疚。你应培养美德,举止文雅,而不要沾染恶习。你万万不要缺德少才,恶待他人。害人往往以害己告终,使得自己寡助无告。寡助者因其卑鄙也。

你应当努力赢得人们的赞扬,而要避免受到愚恶叹赏。因为平庸的褒赏,正是对杰出的贬抑。这正如我听到的一个故事。

故　　事

一天柏拉图①正闲坐着时,城里一名贵族前来拜访。他们海阔天空,无所不谈。

那个贵族说道:"哲人啊!今天我见到了某人,他对你满口赞誉、击节称赏。他说:'柏拉图真是个伟人。像他这样的人物以前从未出现过,现在也举世无双。'他让我把赞词传达给你。"

──────────

① 柏拉图(公元前 427—前 347),希腊古代著名哲学家。是苏格拉底的学生。

柏拉图听了这话以后,垂头不语,极度悲怆,并簌簌地滴落下泪水。

那人问道:"哲人啊!为什么这样伤心,生我的气了吗?"

柏拉图回答说:"我并没有因你而生气,我之所以黯然伤神,是由于竟然受到了一个蠢人的赞赏。我干了什么事情,竟使得他把我大加推崇呢?我真不知道,我干了哪件蠢事竟符合了他的意愿,使他满心欢喜,而对我做出无以复加的吹捧?我悔恨我竟然做出了这种令人痛心的事。难道我仍然是一个只能受到笨蛋、傻瓜们称赞的蠢货吗?"

我又想起了另外一个故事,也能阐明同样的道理。

故　　事

据说,有一次穆罕默德·本·兹克里雅·拉兹①(愿他在天有灵)正和他的学生们一起散步时,同一个疯子相遇。那个疯子目不转睛,只是紧紧地盯着穆罕默德·本·兹克里雅看,并友善地向他微笑。

穆罕默德·本·兹克里雅回到家后,立即令人为他熬百里香②来饮。学生们问他:"为什么你要喝这种药?"

---

① 穆罕默德·本·兹克里雅·拉兹,是古代著名的学者和医生。于865年在列依出生,925年去世。

② 百里香是一种多年生小草本,气味芬芳,可供观赏,或充香料,亦作药用。古代伊朗认为此草药可医治疯癫。

回答说:"由于那个疯人正犯病时,不对别人,单单对我温厚凝视,辗然嬉笑。人们常讲:'同类鸟儿,才比翼齐飞。'①"

性情不要急躁暴烈。任何时候也不应丧失耐心。但是也不要过于柔弱,以致使你不能从中得到欢欣。然而过于粗暴,你便得不到同情和帮助。应该善于同各种不同的人打交道,以做到让朋友和敌人都交口称赞。

不要教人学坏,教人学坏意味着自己间接地干坏事。

假如有谁无意地刺伤了你,你不要有意地去伤害他。仁厚者应对人宽大为怀才是。其道理为:你对人宽厚,人也就对你友好。与人为善,也会得到人们的善待。这就如同照镜子一样。如果一个人的长相美,那么他从镜子中所看到的形象也就美。一个人的行为也如此。与人良善者,必有好报。这就像种的是小麦,不会长出大麦;种的是大麦,不会长出小麦一样。关于这一点,我写了两联诗:

诗　　歌

亲朋呀! 你若对人粗暴无礼,
就不要希冀得到隆情厚谊。

挚友呀! 既然你播下的是大麦,
就不应期望去收获小麦。

---

①　此句原文为阿拉伯文。

当从镜子里看到自己的相貌丑陋时,必会将其美化一番,假若相反,而是将其进一步地丑化,便会丑上加丑。就像病态与丑陋相结合——加倍的丑陋。但当你去诱导、劝诫他时,则要和颜悦色,善言以待。还要注意:做这件事时,不要在众目睽睽之下进行。因为他往往在幽僻无人的场合才易于接受。

你只要把我的这些话认真地研读思考,定能更充实自己的知识。即使到了那时,你也不要自傲自满,不要认为你已成了知识里手,你仍然应当把自己看做是无知的。只有明了自己还有所不知时,才能成为一个智者。在这方面,我听说过一个故事。

故　　事

在霍斯鲁国王[①]时期,辅佐他的是别兹尔贾姆哈尔宰相[②]。有一天,从罗马派来了一个使节,按照波斯宫廷的礼节,霍斯鲁端坐在御位上接见来使。

他首先向使者炫耀一番,并指着别兹尔贾姆哈尔说:"朕还有这样的宰相。"之后,当着使者的面,转身向宰相问道:"爱卿啊!你不是熟知天下的一切事情吗?"

别兹尔贾姆哈尔却回答道:"圣上啊!并非如此。"

霍斯鲁听了这话十分气恼,而在使者面前又感到羞赧。他接着又问:"那么,谁才能无所不知呢?"

----

① 即指萨桑尼王朝时期著名的阿努什拉旺国王(531—579)。
② 别兹尔贾姆哈尔宰相以智谋过人著称。

别兹尔贾姆哈尔答道:"通晓一切的,只有'全知者',而'全知者'尚未出世。"

任何人都不要把自己看做睿智超人、无所不晓的天圣;只有承认自己还有所不知,才是真正的智者。凡智者都是敢于承认自己的无知和无能的。伟大的苏格拉底说过:"我并不怕在我死后、那些伟大的智者们指责我,并嘲笑说:'苏格拉底曾吹嘘:他对世上的知识无所不晓。'我要郑重宣布:我是不会说出那样狂妄的话的。我仍是一个一无所知、软弱无能的人。"布士库尔·巴拉希曾在诗中谈到过自己的知识,他是这样写的:

诗　　歌

我 的 学 识 已 经 如 此 渊 博 丰 富,

明 白 了 我 尚 未 逾 越 愚 蠢 一 步。

不管你有多么渊博的学识,也不要自满自诩。不论做什么工作,即使已经掌握得十分全面、娴熟,也仍须精益求精。自以为是的人,迟早要后悔的。

遇到问题,不要耻于求教于耆老,并应同才智之士和至亲好友们商议。他们会帮助你把事情办得更加明智、正确、高瞻远瞩、符合穆罕默德·穆斯塔发(愿他和他的家族称心如意)的教导。即使你虔诚地信奉至圣的主,他赐给了你创造的能力,也仍不够。

至尊的主教诲说:"当与他们商议公事。"①这是真主对穆圣的启示。即当他遇到问题时,让他去找亲友和信徒们商量,据此来作决定。这也就是真主对他的帮助。你要知道,两个人总比一个人对问题考虑得更周到。一只眼睛总不如两只眼睛那样看东西方便。一只手提不走两只手才能抱走的东西。难道你没有看到那些医生吗?他们在生病的时候,便不大相信可以用自己的医术治好自己的病。而总是去找另外的医生,让他们诊治。甚至相当有学问的名医也不例外。

当你的亲戚朋友被贬卸职,你不得不为他的出路而奔波时,不要吝惜自己的精力和钱财。即使他曾同你有过争执而隔阂,对你的举动开始不甚理解,而当你真正给予同情与资助时,他会倍加痛苦,而化敌对为友好。

对知情明礼,向你问候的人,要以礼貌相待,表示敬谢,使人感到向你问好不为多余。而无论是谁也不会愿意为不明事理的人祝福。

一个有宏丰学识的人,是不会不讲文明、语出污秽的。他也不会把愚鲁视为善美。作为智者假如言谈粗俗,他再才高学深也没有用。没有人愿意聆听他的教训。

那么,应当怎样言谈才对呢?

---

① 摘自《古兰经》第三章仪姆兰的家属(阿黎仪姆兰)第 159 节。

第七章　论慎思择言

作为人都会说话，却还需善于说话。但是，孩子啊！你应慎思择言，却不应有半点谎话。你必须享有说实话的信誉。这样，当你不得不说谎的时候，也会得到人们的谅解。不管谈什么事情，都应当是实话。但是切不可说好似谎言的实话。因为似谎言的实话，甚至还不如似实话的谎言呢！似实话的谎言，人们还能信以为真。而似谎言的实话，则不会有人听。还有，千万不要说那些不能被人接受的话，即使是实话也是一样。否则，就会重蹈我的覆辙。这是我在阿布·萨瓦尔·沙瓦尔·本·法兹勒阿米尔①（愿他在天有灵！）那里时发生的一件事。

故　　事

这还是在阿布·萨瓦尔阿米尔时期。我刚从麦加巡礼回来，就去甘芝参加对异教徒的战争。因为我曾多次参加对印度的圣战，所以也很想同罗马人交一下锋。阿布·萨瓦尔是个机智而稳

---

① 他是沙达底扬·阿朗王族的第八代阿米尔。这个王族在甘芝周围的地区内统治了一百多年（951—1075）。甘芝现在阿塞拜疆共和国境内，已改名为基洛夫阿巴德。

重的人。不愧为伟大、明智、正义、勇敢、健谈善辩、信仰虔诚、富于远见的君王。他总是那么严肃端庄，从不谐谑，而受到人们普遍的崇敬。他对我很热情。我们一见面，便无拘无束地攀谈了起来。我们海阔天空，无所不谈。他也问了我一些事，我都一一作了回答。我向他表示了对他的敬意。他对我也十分尊敬，并执意要我留下来，不要回去了。我感到盛情难却，便领受了他的好意，在甘芝住了下来。他每天都为我安排丰美的酒宴，边饮边谈，问及我各种问题——从现今世界到古代国王。

有一天，话题转到了咱们这个地区，他向我了解古尔冈的风土人情。我说："古尔冈是个小镇，位于山区，水源离镇很远。运水是妇女们的事。她们总是成帮结伙地，每人拿着一个罐子，一起到有水源的地方打水。打好水后，再把罐子放在头上顶着，一起回来。她们中间有一个不拿水罐的人在前面带路。因为那个小镇上有一种绿色的蛆虫，那个带路的人发现这种蛆虫，就必须让妇女们绕开走，以便不要踩着。假如谁要不慎踩死了那个蛆虫，便认为它已弄脏了头上顶着的那罐子水。于是就得把水立即泼掉，重又回到水源，把罐子洗一洗，再把水打回来。"

阿布·萨瓦尔阿米尔听了我的话以后，皱眉蹙额，扭过头去。连续几天对我明显地冷淡，同以前大不一样了。直到有一天皮鲁赞·迪拉姆告诉我说："阿米尔直抱怨你，说：'这个人看起来挺庄重的，怎么跟我说话像哄骗小孩子啊，他为什么要对我说谎呢？'"

我立即写了封信，派了一名信使从甘芝直去古尔冈。要求给我回复一封证明信，由镇长、法官、阿訇偕同古尔冈镇上的所有目睹者、学者、贵族作证，写明有关蛆虫的详情。

四个月以后，信使带回了证明信件。我拿着它去见阿布·萨瓦尔。他看完信，笑了笑说："我相信你是决不会说谎的，特别是对像我这样的人。但是你为什么要谈这件须花四个月时间，用二百个人做证明，才能使人接受的事情呢？"

你要知道，说话应当分别四种不同的情况：一种是不会被人接受，也不该谈论的；一种是可以被人理解，也可以谈论的；一种是即使不被人理解，也可以谈论的；一种是虽然可被人理解，但不宜说出的。

属于既不该谈论，也不会被人接受的范围的，是那些有损于信仰的话。

那些可以谈论，但他人未必理解的话，是指圣书、先知（愿他和他的亲属在天有福）的言论，以及解释教律的学者们的著述。包括他们对经书中的词语的内在含义的理解和在枝节问题上的分歧，及其产生的原因等等。因为谁欲谙熟经书中的内在含义，需要得到至尊的主的启示才行。

那些可以谈论，又能被人接受的话，是指符合信仰和实际情况，说出后不论对此世还是彼世均相宜，不论对于说者和听者都有用的话。

那些虽然可被人理解，但却不该说的话，是指由于说出那样的话，而引起贵人和朋友们对你的指责，认为你所想所做不符常情、不合教律。你若硬要说出，贵人会因此而气恼，朋友会因此而忧烦，仆人会因此而骚乱。这就是那种虽可被人理解，但也不该说出的话。

在我所讲的这四种情况中，最好的是那种既可使人接受，又可以谈出的话。而这四种情况,也都有双重性:有好的一面,也有坏的一面。同样一句话,像你这样的一般人认为很精彩,可以理解和接受,地位高的,和有才智的人则会不以为然。

关于那种慎思而择言的人,用阿拉伯语说则是:"把秘密压在舌下"。因为同样一件事,用某种方式表达,可以使人感到高兴,而用另外的话说出,则会使人沮丧气恼。

故　　事

据说,有一夜,哈隆·拉希德①做了一个梦,大意是他嘴里的牙一下子全都掉光了。第二天一早便找来了一个圆梦人,问他这个梦是怎么回事。回答说:"祝愿伟大的阿米尔万寿无疆!您的所有的亲人都要先您而死,将没有亲人在您之后还活着。"哈隆一听,发怒道:"把这个人拉出去打一百板子。他竟然对我说出这么丧气的话来。如果我的亲眷都死光了,我还活什么劲呀?"于是哈隆又找来了另外一个释梦者,仍把这个梦说给他听。释梦人听后说道:"从伟大的阿米尔做的这个梦来看,您的寿命要比您的所有亲人都长。"哈隆说:"才智之士所见略同②。你和头一个人的圆梦,大体一样,并未增加新的内容。但是,你说出的话和他所讲的有天壤之别。"于是,下令道:"给这个人一百个迪纳尔金币。③"

我又想起另外一个故事。虽然这个故事不是很正经的。但

---

① 他是阿巴斯王朝时的哈里发,于 819 年死于图斯。
② 此句原文为阿拉伯文。
③ 迪纳尔,见本书第 28 页注①。

是常言道："趣闻易流传。"①还说道："趣事无胫自走。"②我听说：一个人和他的奴隶睡在一起。他对奴隶说："你调一下屁股！"奴隶说："老爷啊！您能把话说得好听些吗?"那人说："该怎么说呢?"奴隶说："可以说：'你转一下脸!'这两句话意思是一样的。您不应当把话说得那么难听。"那人说："我听你的。我学会了如何善于说话，为了弥补我的不当言辞，决定给你自由，并赠送你一千迪纳尔。"③

从这个故事你可以看出语言能产生正、反两方面的效果，所以你一定要努力使自己的话达到更好的效果。要既能把自己的意思表达出来，又知道怎样说才适当。假如想怎么说就怎么说，而不管恰当与否，那就和八哥那种鸟一样。八哥就是只鸣其音而不知其意。只有知道该怎样说，为什么要那样说的人，才叫聪明人。他们不论说什么都会动听，为人接受。乱说一气，其实是徒有人形，与畜牲无异。

语言是苍天所赋予的，应当予以珍重。该说的时候，要大胆说出，不要扭捏。不该说的时候，则缄默不语，决不卖弄学问。但是，所说的必须真实可信，不要废话连篇，华而不实。对自己不了解的事情，不要瞎说。不要依靠自己所不熟悉的知识或技能去养家糊口。硬去干自己所不懂得的事情，便达不到这个目的。

---

① ② 此句原文为阿拉伯文。

③ 下面这一段根据赛义德·纳菲斯所勘正的《卡布斯教诲录》(祖鲁基书局 1969 年出版)第 31 页补译出。

故　　事

在霍斯鲁国王①的时候，有个妇女来找别兹尔贾姆哈尔②，问他一个问题。别兹尔贾姆哈尔因事先没有思想准备，便回答说："女士啊！这个问题我答不出来。"那个妇女又问："既然你连这个都不懂，那么你凭什么来享受国王的恩典？"别兹尔贾姆哈尔答道："凭我所懂得的东西。如果我不懂得，国王便不给我任何惠赐。你若不信，可以去问国王，就会知道当我不懂得的时候，是不是给我恩赏了？"

孩子啊！凡事不要过分，过分会带来危害。不论做什么事情都要适可而止。这正像穆圣（愿他和他的亲眷在天有福）所说："事情最好做到适中。"③

谈吐应答时，态度应当稳重。如果不养成稳练、持重的作风，就难免染上轻率浮躁的习气。

不要打听同你无关的秘密；而对自己的秘密，一定要严守。因为只要你一吐口，便不能称之为秘密了。当无关的人在场时，不要谈论秘密。因为内部谈的可能都是好话，而外人却会认为这是恶语，于是以讹传讹，引起误解。

对每一件事情，都要按照他本身的价值，如实地谈论。不论

---

① 指阿努什拉旺国王。

② 他是阿努什拉旺国王的宰相。

③ 此句原文是阿拉伯文。

说什么，都应当有根有据。不论对谁谈话，都应当诚实可信。

如果不想使自己陷入尴尬处境，那就对任何事情也不要去当面对证。到了对证时，要尽量回避；只有在不得已时才出面。

不管旁人说什么话，都要耐心地听，但不要急于照办。不论说什么，都不要不加思索便脱口而出。一定要在深思熟虑之后再说，以免说出后又懊悔。总之，先思而后言，说明一个人的成熟。

不管听到了什么话都不要气恼，哪怕同你的实际情况并不相符。这样才不会堵上谈论你的大门。因而，你也就能从中吸取有益的成分。

对任何人说话，都不要冷冰冰的。冰冷的语言往往撒播下对你仇恨的种子。

即使你学识渊博，也要把自己看做无知，以使求知的大门永不关闭。

假如还不了解他人的话语是正确还是谬误，就不要轻率地给予肯定或者否定。

谈话要看对象，对特殊人物和一般平民要有所区别，以便使你的话更有说服力，而不使听者讨厌。就是在一般场合，并不是专门摆事实、讲道理的时候也应如此。这样才能切合听者的口味，产生效果，而不至于白费口舌。

即使你谙熟谈话的艺术，也不要炫耀自己。这样才不至于在你谈话或办事时陷入困境。

你应当尽量多地了解情况，尽量少地发表议论。切不要知道不多，却信口开河。人们常言：缄默不语，才能保险；夸夸其谈，最不明智。人们总是把随口乱说看成是缺乏明智，即使这个人才高学深也罢。与此相反,如果一个人才学浅薄,却寡言少语,人们也往往把他的沉默视为高明。

不管你怎样高洁纯正,聪明练达,也不要自我吹嘘。不会有人喜欢听你的自吹自擂的。你应当尽量称赞他人,而不是孤芳自赏。

不论你多么博学多才,也应当只说你该说的话,而不要说那些对你自身不利的话,像桑给巴尔的阿拉维①那样。

故　　事

据说在萨亥伯时期,②有个性情暴躁的桑给巴尔老人,他熟悉教律,是沙弗伊·牟特拉比③(愿他在天有灵)的信徒。他常为桑给巴尔人解释教规、出庭辩护、宣讲教义。当时还有个叫阿拉维的青年,是桑给巴尔首领的儿子,也担任着解释和宣讲教律的职务。这两个人彼此不合,一坐下来,就相互攻击。

有一次,这个叫阿拉维的青年,公开指责那个老人是个异教徒。这件事传进了老人的耳朵里以后,老人便反唇相讥,回击那个青年是私生子。

这件事传到了阿拉维那里以后,他便气急败坏,立即跨马奔向列依城④,向萨亥伯控告那个老人。并哭诉道:"难道你能允许

---

①　这是对阿里·本·阿比·塔利伯家族中的人的称呼。

②　萨亥伯指阿布·卡赛姆·伊斯玛依勒·本·阿巴德,是牟耶德·杜列·迪勒米的宰相。他爱好文学,并鼓励文学创作。死于995年。

③　全名是穆罕默德·本·阿德里斯·沙弗伊·牟特拉比(767—819),是当地的四个著名的宗教领袖之一。

④　列依,古代繁华城市,位于现在德黑兰的南部。

一个人污蔑先知的后裔是私生子吗?"萨亥伯听后,十分生气。当即派了一个信使,去把老人召到列依来。

萨亥伯在法官和大阿訇的参加下,亲自审讯老人。他说:"耆老啊! 你本是沙弗伊的虔诚信士,是个有学问、快入土的老者,怎能随随便便把一个先知的后裔诬为私生子呢? 你的话有什么根据? 我要对你加重地治罪,以便人们能从你这里吸取教训,不敢再像你这样不仁不义、无理妄为。按照教律,只该如此。"

老人回答说:"我的话是有根据的。阿拉维本人就是证人,可把他找来当面对质。我把他看做良家子弟,但他却声明自己是个私生子。"萨亥伯问:"这是什么意思?"老人回答说:"所有的桑给巴尔人都知道,是我为他的父亲和母亲主持的婚礼。而他却公开在讲坛上辱骂我是异教徒。如果他的信念就是如此,那么由于由异教徒主婚的夫妻,都是非法的,当然他就是在声称自己是私生子了。而若他并非真的这样看,只是在说谎,那就应当受到惩罚。总之,不论他是在说谎,还是私生子,都不应出自一个先知(愿他有福)的后裔之口。正像你所看到的,只存在着这两种情况。"

阿拉维听后满脸羞红,没说什么。只为自己那没有经过周密思考的言论十分懊悔。

话该讲时就讲,但不要胡言乱语。因为胡言乱语再进一步就是疯言疯语了。

不论同谁交谈,都要注意是否有的放矢,人家乐于接受? 假如他在洗耳静听,那就说下去;否则,就收住话头。总之,所说的必须受听,不能使人反感;而且,到什么山上唱什么歌,对待不同的人要用不同的语言。只要是一个头脑清醒,不昏不聩的人,待人处事都会像我上面所说的那样。

要耐心地倾听他人的讲话，不要急躁厌烦。因为只有善于学习别人，自己才能善为说辞。

可以做这样一个试验：把一个新生的婴儿放进地下室里，虽然照样喂乳、抚育，但母亲和保姆决不同他说一句话，也不引逗他。由于他从未听人说过一句话，待他长大后，肯定是个哑巴，不懂人们说的是什么意思。所以说，听人说话的过程，也就是学习的过程。

再有一个例证是：凡是天生的聋子，肯定是个哑巴；而这也就是，为什么所有哑巴又都是聋子的道理。

你应当聆听他人的话语。牢记开明君主和才智之士的教诲。他们说："智者和帝王的教导能够使人心明眼亮，哲理正是治疗心灵的眼病的皓矾①。"对这至理名言，应当用心灵的耳朵聆听，并笃信不疑。

这些话又使我想起了几句睿智隽美的话语，这是出自伊朗著名的国王、正义的阿努什拉旺之口。我之所以在这本书里提到它，是为了使你吟读、理解、牢记并照此实行。我们只有切实遵循国王的遗训，才不愧为他的子孙。

我曾听说过关于从前的哈里发的轶事。玛蒙哈里发②（愿真主赐福给他）来到正义的阿努什拉旺的墓地，并进入了他的墓室。故事说来话长，总之，玛蒙走进阿努什拉旺的墓室后，在一块已腐朽的、布满尘土的棺床上，发现了他的尸骨。在棺床的上方、墓室

---

① 古代波斯人用这种药治疗眼疾。

② 玛蒙是阿巴斯王朝的哈里发，哈隆·拉什德的儿子。其母是波斯人，于813—833 年执政。833 年去世。

的壁上，用帕赫拉维文①写的金字还依稀可辨。玛蒙下令召来能认得巴列维文的文书，让他读一读墙上的文字，并翻译成阿拉伯语。于是他明白了，这些话早已广泛流传于波斯。

　　这段文字的前言是这样写的："在我生前，所有至圣的主的子民都能欣享到我的恩惠。任何人都不会在为我效劳后，却得不到我的恩赐。现在，在这临终时刻，我不知道还能做些什么，只好把这段话镌刻在墓壁上。以便将来有人参拜我时，能够读到它，理解它的含义。下面这些话，既是我的教诲，也是给前来晋谒的人的酬报。"

---

　　① 巴列维文是阿拉伯统治者入侵波斯之前，阿士康尼王朝（公元前 249—公元 226）和萨桑尼王朝（224—652）时，所使用的文字。

第八章　论牢记圣王阿努什拉旺的训谕

　　第一条："只要白天和黑夜循环往复、连续不断，就不要惊奇事物也在逐渐地变化。"

　　第二条："为什么人们不从他人的错误中吸取教训，只对自己的错事悔恨不迭呢？"

　　第三条："陪伴君王，怎能使人高枕无忧呢？"①

　　第四条："为什么有的人认为活着就要追欢逐乐，并把这看做生活的唯一目的呢？"

　　第五条："为什么你不把以害人而取乐者视为仇敌呢？"

　　第六条："为什么你要把你的朋友的敌人视为朋友呢？"

　　第七条："不要同那些没有任何本领的人交朋友。他们既不配作你的朋友，也不配作你的敌人。"

　　第八条："不要强不知以为知。"

　　第九条："要为人正直，办事公道。"

　　第十条："敢说真话，即使说出真话是十分痛苦的。"

　　第十一条："假如不想使敌人知道你的秘密，就不要把它说给朋友。"

　　第十二条："不要目光短浅，它会给你带来损失。"

----

　　①　此条根据赛义德·纳菲斯所勘正的《卡布斯教诲录》第 36 页补译出。

第十三条："活着没有价值的人，与死人无异。"

第十四条："自得其乐能使贫者也感到富足。"

第十五条："如果不想廉价拍卖，就不要无节制地囤货。"

第十六条："处处依赖自己的妻子，还不如死去。"

第十七条："宁肯饥饿致死，也不吃受到屈辱的饱餐。"

第十八条："不要相信向你描述的任何幻象——不论他们是可信任者，还是不可信任者。"

第十九条："不要指望比自己还穷的亲戚。求得青蛙的保护，还不如在水中溺死。"

第二十条："对于称霸世界的人来说，谦逊者强于傲慢者。"

第二十一条："最愚钝不过的人，是当一个小人物已成为大人物后，仍把他当做小人物对待。"

第二十二条："最应感到羞耻的是那些不懂装懂，造谣生事之人。"

第二十三条："最能迷惑人心的是似隐似现，难以捉摸的事物。"

第二十四条："世界上最为无耻的，是那些脚踩两只船，用得着时就用，用不着时就一脚踢开的人。"

第二十五条："应当原谅那些当面诋毁你的人，因为他们把话直接说给了你听。"

第二十六条："不要去听那些使你烦恼的话，因为这是无益的。"

第二十七条："对于危险的熟视无睹，其有害程度甚于危险本身。"

第二十八条："一个只为吃饭活着的人，还不如一个被卖来卖去的奴隶有更多的自由。"

第二十九条："掌握的知识若只是一鳞半爪，这些知识不仅不能使人明智，还往往造成恶果。"

第三十条："假如谁不是一块学习知识的材料，就不要费尽心机教育他。因为这是劳而无功的。"

第三十一条："蠢笨的人只宜办不动脑筋，只用体力的事情。"

第三十二条："你对别人和言，别人才会对你悦色。"

又："你对别人乐于相助，别人才会对你慷慨相帮。"

第三十三条："如果你想获得更多的友谊，就不要对人怀有恶意。"

第三十四条："只要不嫉妒别人，就不会过分忧愁。"

第三十五条："若想生活过得美好，首先必须勤奋劳动。"

第三十六："不强求别人，自己也会少些烦忧。"

第三十七条："假如你不想被人认为是疯疯癫癫的人，就不要去觅求不可能得到的东西。"

第三十八条："若想保持尊严，必须稳重谦逊。"

第三十九条："不做那些不可为而为之的事，也就不会受到蛊惑。"

又："你不去揭别人的疮痂，别人才不会揭你的疮痂。"

又："只有关心手下人，他们才不会在背后议论你。"

又："只有真正悔恨所做的错事，才可能不随心所欲地处理问题。"

又："只有把别人对自己的议论当成一面镜子，才能使自己成为聪明的人。"

又："只有肯定别人的价值，人们才会对你有恰当的评价。"

又："只有首先做到言出必行，你的话才能有信用。"

又："对于不露真才的人，也要向他留一手，这样人们才能把你称赞。"

又："乐善好施，才能得到人们的敬仰。"

又："只有没有贪婪的心，才能感到轻快自由。"

又："量才用人，和善相待，才能称之为公正。"

又："尊重人们的习俗，才不会遭到唾骂。"

又："要想受到人们的爱戴，而不为人们厌恨，就要说顺乎民心的话。"

又："假如你不想患任何医药也不能治愈的气恼病，就不要去同无赖争论问题。"

又："若能给人以慷慨帮助，就能成为他的挚友。"

又："若欲创造出最好的东西，就不要约束自己的创造力。"

这些就是阿努什拉旺的言论和教导。孩子啊！你应认真研读，而不要轻视。因为阿努什拉旺既是个国王，又是个哲学家。所以他的言论既是圣谕，又富于哲理。你现在还很年轻，所有这些都应当好好学习并牢记。因为等你到了老年，就为时太晚了。老人都有了自己的一套，不再需要这些了。

第九章　论老年和青年

孩子啊！你应当尽量具备老年人的智慧。我不是说不该朝气蓬勃，而是说，作为一个青年人还要冷静思考。你不要丧失青年人的朝气，应当保持那种意气风发、蒸蒸向上的作风。正像亚里士多德①的至理名言："青年人就该有股狂劲。"②但要尽量消除年轻人的傻气。朝气使人奋进，傻气却只能给人带来祸害。

要趁年轻时候，尽力工作，而不虚度年华。因到老年就后悔莫及了。正如一个老人所说的："我年轻时，曾无端地烦恼，想到：若到老年，就没有翩翩仪态了。现在我老了，已经欲望全无，不想风流了。然而再想正干，却无精力了。"

诗　　歌③

感谢真主给了我青春的活力，

---

① 古希腊著名的哲学家。生于公元前 384 年，卒于公元前 322 年。是柏拉图的学生，亚历山大的老师。

② 此句原文是阿拉伯文。

③ 这首诗歌根据赛义德·纳菲斯所勘正的《卡布斯教诲录》第 40 页补译出。

使我能日夜求欢,放荡不羁。

当我年轻时,老迈者求我帮助,

而当我到垂暮之年,却期待他人体恤。

不论你多么年轻,都不要忘记真主是至仁至圣的。不论是老年人还是青年人,都不能保证不死。正像哲人阿斯加迪①所说的:

诗　　歌

虽然老年人和青年人都避免不了死亡,

但当老年人弃世时,青年人却还生活在世上。

你要知道,凡出生的人必将死亡。我听说过这样一件事:

故　　事

在马鲁城,②住着一个裁缝。他的店面设在一个公墓的大门边。他在墙上钉着一个钉子,上面挂着一个瓶子。他有一种古怪的癖好:每当看到从城里抬出来一具尸体,就往瓶子里投一粒石子。每到月底都把石子数一遍,看抬出了多少尸体。然后,把瓶

———————————

① 阿斯加迪的全名为阿布·纳扎尔·阿布达勒阿兹·本·满速尔·阿斯加迪。是伽色尼时代的诗人。逝世于1032年。

② 马鲁在古代是位于现在伊朗霍腊散省的一个城市。

子倒空,继续这样投石子,直到下个月。这样过了许多时间。有一天,裁缝突然死了。有个人来找裁缝,他并不知道裁缝已死,只看到裁缝店的大门紧闭,便问邻居:"裁缝怎么不在,到哪里去了?"邻居答道:"他已经掉进瓶子里了。"

孩子啊!你应当有清醒的头脑,不要因自己还年轻,就产生骄傲。不论你犯有什么罪恶,都要想到至圣的主,请求他的原谅。要想到死亡。不要像那个突然落入瓶中的裁缝,带着累累罪恶的重负死去。

不要整天只同年轻人混在一起,也要同年老的交往。在你的相好和朋友中,应当既有青年人,也有老年人。以便当青年人因狂热而走上歧路时,老年人能够及时给予纠正。由于老年人总是知道一些青年人所不知道的事情,因而虽然青年人喜欢嘲笑老年人,但是青年人仍需要老年人的帮助。所以青年人如果认为自己已超过了老年人,而对他们不尊重,是很不妥当的。

正像老年人有过青春的理想那样,青年人也期待到老年能够达到的目标。但是老年人的事业已经完成,并结出了果实,而青年人的情况则要差一些,他们的目标有的可能实现,有的则不能。"青年人往往自认为才高学深,要超过所有的人,嫉妒年老的人;老年人对青年人则看不上眼。

你不要学这些青年人,而要尊敬老年人。在他们面前不要夸夸其谈,要谦逊寡言。

故　　事

我听说有个百岁老人，弯着腰，驼着背，走路时挂着拐杖。有一个青年用嘲讽的口气说："老头啊！你这张小弓是花了多少钱买的呀？我也打算买一张。"老人答道："你只要耐心地等着，到时候你就会白白地得到一张，想不要还不行。"

然而，你不要同昏聩老人交朋友。聪明的青年人远胜过昏聩的老年人。

如果你是青年，就应有青年的朝气。而到了老年，就该有老年人的智慧。我写了这样两联诗：

诗　　歌

我说："请用锁链锁住你的家门，
　　尔后来我这里，给我以安慰慈悯。"

他说："请把你的头发染成漆黑，
　　即使年迈体衰，也不要意冷心灰。"

老年人不要像青年人那样心气过盛；而青年人也不要像老年人那样老气横秋。人到老年若不服老，有如在失败的时候吹吹打打。我在修道的时候，说过这样的话：

诗　　歌

人到年老时，若还冒充年轻，

便像在失败的时候，奏乐欢庆。

老年人不要固执己见。人们常说："最让人讨厌的是老顽固。对于蛮横的老头儿，要远远地躲开。"老年人应当比青年人更加公正。

青年人还可以把希望寄托到老年，而等待着老年人的便只有死亡。老人的发展，必定是死亡。这就像庄稼熟了，不收割，谷粒就会脱落。又像水果，成熟后不去摘，便会从树上掉下来。我曾说过：

诗　　歌

即使你能到月球上称霸称王，

即使你有所罗门①的财富和威望；

正像熟透的果实必定落地，

你的生命也终将弃世而去。

---

①　所罗门（公元前 973—前 935），古代犹太人的国王。是大卫之子。他聪慧睿智，多才多艺。在位时振兴工商、奖励文学、国势始盛、极其奢富。曾于耶路撒冷建耶和华大寺院。

人们流传下面的话,并非没有道理:

> 从完满再向前迈进就成了缺欠,
> 事物发展到极端就走向反面。

你要知道:人到老年就不能随心所欲了。你的感觉器官将失去作用,不论是视觉的大门、语言的大门、听觉的大门、嗅觉的大门、触觉的大门,以及所有的欲望都要紧紧地关闭。你的生活不再感到愉快。人们也认为你的生活乏味。你对人们开始成为一种累赘。到这时,死比生还要好些。

但是,人到老年后,就会远离青年的狂热。离死期愈近,犯青年时的错误的可能性也就愈小。

人的生命有如太阳。青年时期,就像太阳位于东方的地平线上;到了老年时期,就像太阳转到了西方地平线上。太阳一旦偏西,就气息奄奄了。我也说过类似的话:

诗　　歌

> 吉卡乌斯王啊! 到了老年,你的精力也会丧失,
> 六十三岁以后,你竟也缺乏了明智。

> 白天过完,该进行的应是昏礼,
> 而结束一天的宵礼,是在晦暝的夜里。

不应当要求老年人像青年人那样思维敏捷，行动灵活。不论何时、何地，都应体谅他们。他们是不用看护的病人。衰老这种疾病，没有任何药物可以治疗，除非一死了事。然而没有死亡之前，总不能解脱老年的痛苦。人们不管谁得了什么病，只要没死，总是希望日益好转。但是老年病却例外，只会日趋恶化，没有痊愈的希望。

我曾在一本书上读到过：人一直到三十四岁，都是处于上升的发育阶段。从三十四岁到四十岁是属于既不上升又不下降的持续阶段。这正像午时的太阳，移动得很缓慢。之后便开始下降。从四十岁到五十岁，便感到一年不如一年；从五十岁到六十岁，便感到一月不如一月；从六十岁到七十岁，便感到一星期不如一星期；从七十岁到八十岁，便感到一天不如一天；一过八十岁，每过一个小时，都感到比前一个小时增加了痛苦。生命的顶点是四十岁。一到四十岁，便开始走下坡路。正像水总是往低处流一样，无疑，四十岁以后也每况愈下。并且每个小时都伴随着令人同情的痛苦和难受。

孩子啊，我的宝贝①！我向你抱怨老人的苦痛，是由于我已深有其感。衰老有如仇敌，抱怨敌人并不为怪。我写过这样一联诗：

诗　　歌

我若抱怨令人生悲的衰老，不足为奇，

老迈对于我是个灾难，我只有叹息。

---

① 此句原文是阿拉伯文。

对仇敌的抱怨,只有向朋友倾诉。而你便是我最好的朋友。向真主祈愿:将来你也把这种抱怨说给自己的子孙。关于这点,我写过两联诗:

诗　歌

啊! 我对衰老的抱怨向谁倾诉?
除你之外,没有人能听我的诉苦。

老年人啊,来吧! 我要把烦恼说给你听,
因为青年人体会不到我们的苦痛。

故　事

在我父亲的传令官中间,有个博学多才的长者,他已逾耄耋之年。他想买一匹马。饲马人为他牵来一匹,看起来体壮膘肥,毛色润泽,四蹄健全,要价合理,还打了折扣。但他看了看马口后,知道马已衰老,便没有买。我问他,"你怎么不买呢? 结果让人家买走了。"他说:"买马的是个年轻人,他还没尝到过衰老的滋味。假如他为马壮美的体型、光润的毛色而夸耀,是可以原谅的;而我已深知衰老的痛苦,以及它的虚弱和多难。我若还把老马买来,是不容原谅的。"

但是到了老年时,要尽量使自己的生活稳定下来。仍旧到处流浪是不明智的。对于那些贫困的人更是如此。因为衰老和贫困是人的两大敌人。有这两大仇敌附身,还出外漫游,实在不是明智之举。

但是在不得已,必须外出旅行时,若在异乡受到伟大的主的慈悲,欣享到它的惠赐,流浪比稳定在一处还要优越,这时,就不应再惦念家乡,极欲返回故里了。

当走到能维持生活的地方,就应定居下来,把那里当成自己的乡里,对你才更为有益。正像人们常说的一句话:"这里是第二故乡。"①但是你究竟定居何处,这要依据你的工作情况而定。人们常言:"幸运者希图名利,不幸者思念故里。"如果你已走红运,有了得意的职业,就要安心地把工作做好,使这职业稳定下来。此外,就不要有什么过分地追求了。因为过分的追求,没有什么好处。常言道:"见好就收,不要过贪。"贪婪的结果只能坏事。

在你的一生中,都应当生活有度,作风正派。假如想得到人们——不论朋友还是敌人的尊敬,就不要脱离开一般人的水准。生活不要过于奢华,而应有度。

———————————

①　此句原文是阿拉伯文。

第十章　论饮食的节制和
饮食的规矩

孩子啊！你可知道：一般人做事都杂乱无章，没有时间概念。并不把准时与否看得那么重要。而大人物和才智之士却能把各项工作都安排在一定的时间。使昼夜二十四小时非常有节奏。他们根据具体工作的不同，而有所区别，来确定完成的时间和标准，使得各项工作虽繁杂，却不混乱。并让他们的侍从也都清楚，什么时候该做什么事情了。都很有规律地进行各项工作。

让我们先看饮食习惯的问题。常逛市场的人往往有个习惯，即：夜间吃得过多。这对身体很有害，会引起消化不良。军人们由于职业的关系，吃饭常常不能按时，而是什么时候找到了食物，什么时候就吃。这就好像牲畜，不管什么时候看到了草，什么时候就吃一样。有些贵族和富人一昼夜只吃一次烤饼。这种节食当然很好，但身体却会消瘦下来，显得疲弱无力。雇工清早起来应当多吃一些，饱餐之后再出家门。因为在雇主那里一直劳动到晌礼①时刻。所以你需养成饱餐之后再出门的习惯。

---

① 晌礼是指每天中午时的祈祷。

凡那些想同你一起进餐的人，都是有话要和你讲。所以就餐时不要太匆忙。要缓慢一些，以便能在饭桌上讨论问题。这是符合伊斯兰教的条例的。但是谈吐要谦逊自然，切不可盯着他人的饭食。

故　　事

我听说，有一次萨亥伯·阿巴德请客招待自己的同僚和亲友们。有个客人从盘子里拿了一片面包。他没有注意到面包上带着一根头发。萨亥伯对他说："某人啊！请您拿掉面包上的那根头发。"那个人立即放下面包，起身走了。萨亥伯让人把他叫了回来，问道："某人啊！为什么刚吃一半就离开筵席呢？"那人说："我决不吃那些专门盯着我的面包上有没有头发丝的人的食物。"萨亥伯听后十分羞惭。

你应当养成良好的习惯。吃饭前先喝点带酸味的能刺激胃口的饮料。之后，再让仆人把菜盘端来。

在贵族们中间，有两种不同的习惯：有的先让仆人为自己端来饭菜，然后才轮到家人进餐。也有的先让家人们吃饭，自己最后吃。第一种情况符合惯例。第二种情况则显得较为慷慨。

饭菜端上来以后，便可以就餐了。虽然每个人的饭量不同，有的人吃得多，有的人吃得少，但是应使他们都吃饱。如果有盘好菜离你较近，离别人较远。你应主动地把菜夹给他们，使他们都能品尝到。如果饭菜不合口味，不要当时就紧皱眉头对那些进菜的侍童们发怒。训斥他们："某个菜好吃，某个菜味道不佳。"这些话要等到另外的场合再说。

现在吃饭的规矩你已经明白了,饮酒也有一定的规矩,你也应该清楚。

第十一章　论饮酒的规矩

关于饮酒的问题，不能下令说："饮酒吧！"也不能说："别饮酒！"然而青年人凭借年轻气盛难免会这样做。有人对我不止说过一次：人在五十岁以后，至圣的主会垂怜他们，接受他们的忏悔。

但是假若不饮酒，能获得两个世界的利益，也能得到至尊的主的满意，同时还能解脱人们的非难、愚昧的品性和不良的行为，也能将日常事务处理得十分得当。鉴于此，我更倾向于不饮酒。

而若同坏的伙伴一起，定然养成嗜酒恶习，正如常说的："独自一人，胜过交往坏友。"[①]假如饮了酒，就应有忏悔之心，请求至圣的主的宽宥，懊悔自己的行为，除非主宽恕了你——由于你真诚的悔悟。

不管怎样，假如一定要饮酒的话，就要知道应当怎样饮酒。因为如果不知道怎样饮酒，酒便是毒药；而若知道怎样饮酒，酒便是防毒剂。实际上不管什么食品和饮料，如果吃得过量，便成了毒药。关于这一点，人们常说：

---

① 此句原文是阿拉伯文。

诗　　歌

假如超出一定的限度，

抗毒剂也会变成毒素。

在吃饭的时候不要饮酒。除非感到有三倍的干渴，那也只应以水或啤酒代替烈酒。在饭后，如果不渴的话，在三个小时之内，不要饮水，更不要进食。以使胃得到休息和保持健壮。假如并不是暴饮暴食，食物要经过七个小时才能被消化吸收：用三个小时在胃里消化，再用三个小时在胃里提炼出食物中的养料并输送到肝脏。之后由肝脏分散到人体的各个部分。肝脏就是起这样一个分发员的作用。然后，再用一个小时把那些留存下来的残渣输送到大肠，以便到第八个小时之时排出体外。凡胃都是有消化功能的，若不具备这种功能，同葫芦无异，而不是胃了。

我前面说过：食物要在胃里消化三个小时，所以饮酒应在这之后。这样才能使食物在胃中充分消化，并给身体提供充分的养分，饮酒应当选择在既能从酒中得到裨益、又能从食物中得到营养的时候。

但是饮烧酒须在昏礼之后，即当你酒酣昏醉的时候恰已入夜，使人们不会看到你的醉态。在喝得醉醺醺以后，不要来回走动。来回走动是很不明智的。人们常说："醉时走动，容易生灾。"

要少到花园或郊野去饮酒。即使饮酒，也不要饮烧酒。想饮烧酒，一定要回到家里再说。在屋顶下饮酒总比在天空下心中感到踏实。树荫再浓也比不上屋顶下荫凉。人们在四面墙壁之内，就像是在自己的王国中作国王。而若在郊野，则如一个远离故土的陌生人。即使是贵族、富翁，也是如此的感觉。一个陌生人能求助于谁呢？

当喝到还有两三口酒力时，就不要再喝了。不论吃什么佳馔珍馐都不要过饱。不论饮什么玉液琼浆都不要昏醉。吃饱就应住口，半酣就应停杯。不要贪杯恋盏，要适可而止。不论何时都不要酩酊大醉。

喜欢烈酒的人常常引起两种恶果，即疾病和疯癫。因为在饮烈酒之后，不醉即晕。醉后发疯，可算一种疯癫。晕则头眩，像得了疾病，可算作一种病人。既然酒后不病即疯，那你为什么要嗜酒贪杯呢？

虽然我知道你未必能听得进这些话，不会因我的劝说便不再饮酒，但我仍不能不说。

分　章

千万不要养成饮晨酒的习惯。假如经常在清晨饮酒，必定得不到才智之士的称赞。

饮晨酒的第一个害处是不能按时进行晨礼①。

第二个害处是前一天的昏沉的头脑还没有清醒过来，却又增

---

① "晨礼"，指每天清晨时的祈祷。

加了新的昏沉,使得头脑加倍眩晕,结果便会引起忧郁症。

第三个害处是当人们还在梦乡时,你已醒来。而当人们醒来后,你又不得不上床睡觉。以致造成白天睡觉,夜晚清醒的状态。到第二天白天你又会感觉全身酸懒疲乏,受到酒品和失眠的折磨。

但若在清晨稍饮一些酒,并不晕眩昏醉,也不神志不清,更不会引起事后的后悔,倒也未尝不可。但这只能偶尔如此,不可经常,决不能因此养成习惯。

分 章

假如你已养成了酗酒的习惯,则决不可在作礼拜①的晚上饮酒。因为星期五和星期六的晚上是绝对禁酒的时间。特别是星期五晚上,要进行聚礼。在一个星期中,虽然只在礼拜之夜不饮酒,却可因此消除人们对你的反感,不会被加罪而遭到嘲骂。到了彼世之后,也能得到好的报应和名声。此外,对你自己来说,也可以节省一些钱财,并使身体、思想和精神都得到休息。虽然你只经过了一夜的休整,却能把一个星期中积存在体内的杂质打扫干净。这一夜对协调身体、健全体魄、节约钱财、彼世赐惠、众人赞扬各个方面都有莫大的好处。既然在这五个方面都能获益,就应当努力养成这种按时停饮的良好习惯。

---

① 即指星期五。伊斯兰教每星期五进行礼拜。中国伊斯兰教称为"主麻",这是波斯语"星期五"的译音。

第十二章 论请客和做客

不要每天都邀请客人,因为这样便不能使客人每次都享受到丰盛的菜肴的款待。首先要估量一下在一个月中能有几次待客的财力。如果最多可待三次客,那么便只邀客一次。以便使你的筵席更加丰美、无懈可击。即使吹毛求疵的人也难寻微瑕。

凡是来到你家做客的人,都应当给予热情欢迎,拉近同他们的感情,使他们感到快慰。这正像布什库尔·巴拉希所说的:

诗 歌

> 只要是你的朋友就应请他们做客,
>
> 不论白天或黑夜都应使他们快乐。

如果正值瓜果收获的季节,应在饭前为客人端来新鲜水果或干果,进行招待。休息片刻后,再张席摆筵。你不要急于就座,以使客人们随意交谈。过一会儿他们会说:"请你也入席,一同就餐吧!"你可说:"我该入席吗? 你们先请吧! 我服务于你们。"如果他们仍是重复着原话,说道:"快来入席啊! 一起进餐吧!"用餐时,你要选在下座,而若客人十分尊贵,则不要入座。

对客人不要满口谦词，只有小市民才喜用那些卑俗之语。无论何时也不要说："某人啊！这个菜香啊，吃吧！您还没怎么吃呀！不要客气！我没有为您做什么呀！看在真主的面上，我要劝您多赏脸啦！"作为贵族，不该这样俗气。只有多少年才请一次客的小市民们，才用这种口吻说话。人们一听这些滥调便会全身发麻，不思饮食，吃到半饱就想退席了。

我们吉兰人有一个很好的习俗。当餐桌上摆好水壶和佳馔后，便请客人入席，之后主人及其家人回避开，只留一人候于远离桌子的地方，等待为客人加饭。直到客人需要加饭时，主人才走上前来。

阿拉伯人也是这样的风俗。

当客人餐毕并洗完手后，便应唤仆人拿来花露水或香水。要事先向奴婢交代好客人的好恶，以便使他们更好地服侍客人。

在欢宴时，要备好充足的糖果、点心和爽心悦目的歌舞。此外，还要备好美酒。待客不只需要好饭好菜，还应有香醪佳酿和悦耳丝竹。这样，即使饭菜品味欠佳，也可以此得到补足。由于酒类是禁品，因此不值得用味道不正的劣品去违禁。若要饮酒，就要饮最醇厚的美酒；而要听乐，就要听最悦耳的音乐。以便你不会在来世期间感到遗憾。

然而，即使你能按我所说的待客了，也不要摆出你对客人似乎做了多少好事的样子。但是应让客人们自己感到你的招待是令人满意的。

故　　事

　　我听说牟戈列①的儿子任命纳赛尔·本·满速尔·塔米米②在巴士拉城③管理财物。但只一年就把他辞退了，并想加害于他。由于纳赛尔钱财极多，早已引起了哈里发的贪心。他们想算计他，硬说他欠了他们许多债。牟戈列的儿子对他说："你不留下钱来，就把你关进监狱。"纳赛尔说："阁下啊！钱我是有的，但是现在拿不出。请容我一个月的期限，现在不要把我关进监狱。"牟戈列的儿子知道了他不能立即掏出这钱来，并非说谎后，便说："为防备你再拖延不交，哈里发不允许你回家去。但是你可以在我这里客居一个月。我将为你在宅中腾出一间小屋。"纳赛尔说："遵命！"于是他被软禁在牟戈列儿子的住宅中。

　　那天恰逢斋月的第一天。到了晚上，牟戈列的儿子下令道："把某人唤来吧！让他每晚和我们一起共进斋饭。"于是在这斋月期间，纳赛尔每晚都和他一同进餐。在开斋节以后，又过了几天，牟戈列的儿子向纳赛尔派去自己的亲信，问他："你的钱至今还没有送来，到底为什么呢？"纳赛尔说："请把这点金子收下。"亲信回去后，牟戈列的儿子问："这点钱给谁的？"回答说："给您的。"牟戈列的儿子大怒。叫人立刻把纳赛尔唤来，问道："先生

_____

　①　牟戈列(885—940)，著名宰相，擅长文学。
　②　纳赛尔是当时的诗人和学者，后去埃及。死于918年。
　③　巴士拉城在阿拉伯河出海口处，现在伊拉克境内。

啊！你要交给我的就是这点钱吗?"回答说:"这不是给您的钱,这是我一个月的饭费。我不能白吃您的。在这个斋月中,每夜都做您的客人,同您共餐。现在节日刚过,好意思向我要债吗?"牟戈列的儿子笑着说:"这是给你的回帖,你可以走了。这点钱是我给你的节日施舍,我放在这里了。"就这样,纳赛尔被免除了罚款。

对客人要热情相迎,面带喜色。

但是要少饮些酒,不要还没有待客,就已经醉意三分。当客人们都已半醉时,你再略显醉态就问题不大了。饮酒时,不要忘记祝愿他人,而饮量也应适可而止。

待客时,要含着微笑,满面春风,但不要莫名其妙地大笑。笑得不自然,会显得疯疯癫癫。而自然的微笑,则是明智、稳重的表现。人们常说:"不合时机的狂笑,还不如痛哭。"

若客人酩酊大醉,欲启程告别,要怀着诚意挽留两次,待到第三次时才随他意愿。但在他离去时,要情意绵绵地送行一程。

如果你的仆人出了差错,要当即宽恕他。不要当着贵客的面便生气、愠怒,狂叫乱骂:应当这样,不应当那样。假如你的仆人做了什么使你大为不满的事,你应压住火气,只是不要再召唤他了。

如果你的客人说了些不三不四的话,应取忍耐态度。并仍保持对他的尊敬。

故　　事

我听说,有一次牟阿塔萨姆①下令处死一个罪犯,罪犯开口说:"哈里发陛下啊! 看在至圣的主和尊敬的先知的面上,请先赐我一口水,之后我便俯首听命,我渴坏了。"于是牟阿塔萨姆便下令递给他水。手下人将水递给罪犯,让他饱饮。罪犯痛饮之后,用阿拉伯语说:"愿主给他以仁慈!"并说:"哈里发陛下! 您以甘甜之水款待了我这客人。如果您认为杀死客人是一个善举,那就下令处死我吧! 否则,那就给我以宽宥,我将向您忏悔。"于是牟阿塔萨姆便说:"你说得很对! 这是客人的权利。我宽恕你,你忏悔吧! 今后再不要犯这种罪行了。"

应当懂得如何尊重客人,但是接待的客人不应太滥,值得接待的才予以接待。不应当把任何无赖带到家中,恭敬地待为上宾。之后,向人谦恭地介绍:这是我的贵客。应当清醒:要与什么人交朋友。

分　　章

当你去做客时,不论做什么人的客人,都不应有损于自己的尊严。做为客人,既不要饿着肚子离去,也不要吃得过饱。因为

① 牟阿塔萨姆是阿巴斯王朝的第八代哈里发,于 833—842 年进行统治。

一点不吃是不给主人面子，过饱则有伤风雅。

假如在自己家中，以主人身份接待客人，要注意坐在自己应该坐的座位上。

假如你住亲戚家，即便亲戚对你十分尊宠，也不要对酒菜提出过分要求。不要对主人的仆人们指手画脚地说："某人啊！不要把托盘放在这儿，不要把碗放在那儿！"俨然像这家里的人。

作为客人，不要多嘴多舌，指指点点。不要以他人的酒菜去买人情。也不要把筵席上的饭菜拿走，给自己的仆人。俗话说："拿走筵食，尊严尽失。"①

千万不要喝得烂醉！当你还在清醒未醉时，便应起身离开餐桌。千万不要喝得酩酊大醉，不省人事。若欲恃酒颓放，应回到自己的家中。

在你饮酒哪怕只有一杯以后，即使你的晚辈犯了一百个错误，也不会再听你的训教。虽然这些训教是对的，他们也会不以为然，说："他在发酒疯。"所以当你要开导晚辈时，万万不能饮酒，以便他们了解：你是在进行严肃的谈话，决不是酒后狂言。

人们常说："疯言疯语。"②狂人如此，醉汉也如此。因为醉也是一种疯。你知道，酒醉后会有各种各样的表现。有的话语滔滔，有的大吃酒菜，有的手舞足蹈，有的语无伦次，有的嘶声嚎歌，有的跪拜哀求，有的狎昵轻佻，还有的大笑或大哭。凡此种种，非醉即疯。此外，有的疯人还动手打人。我所说的这一切狂人或醉

---

① 此句原文是阿拉伯文。
② 此句原文是阿拉伯文。

汉的表现，你都应当竭力避免。你不论在什么人面前，都不要喝得昏醉。只有在你的家人或仆人面前例外。

在演歌舞时，若让你来点节目，不要只点那些委靡轻浮的。否则，你会被认为头脑简单，庸俗轻佻。对于这些只有年轻人才喜欢。

第十三章　论开玩笑、下棋或玩"纳尔德"[①]

孩子啊！你可知道：阿拉伯有句民谚："玩笑往往引起灾难。"[②]因此，你不要开那些不恰当的、粗俗的玩笑。尤其在昏醉时，决不能随便开玩笑。这时开玩笑，往往凶多吉少。因为玩笑可能成为灾难的前奏。

无论是酒醉或还清醒，庸俗的玩笑和污辱性的骂语都不可取。特别是在下棋或玩"纳尔德"时，更不要贫嘴饶舌。因为这时双方都变得比平时更加心地窄小。

不要把下棋或玩"纳尔德"当成一种日常嗜好。偶尔玩玩尚可，但不要赌博。如果作为野外游戏或待客消遣，而只用些零碎小钱进行押注，却可以看作一种例外。

不要以下棋或玩"纳尔德"来赌钱，因为这是一种赌博。而随便玩玩，不讲输赢，才显得更文明。

假如你想玩带输赢的，切不可同那些赌徒玩。因为同他们混在一起，你也会成为赌徒。

---

① "纳尔德"是波斯的一种棋，根据骰子的点来走步。
② 此句原文是阿拉伯文。

假如同较尊贵的人下棋或玩"纳尔德"，你不要抢着先动子。应当主动让对方先举棋。即是说，若玩"纳尔德"，要把骰子交给对方先掷。若下棋，则应让对方先走。

不要和醉汉、突厥人和愚鲁、蛮横者赌输赢，免得引起吵骂。

不要为骰子上的点争执不休。不要指天发誓说肯定是某个点，因为即使你说得对，别人也不会买你的账。

争吵打骂往往由玩笑引起。要尽量少开玩笑，虽然玩笑算不上什么缺点错误，就是穆圣（向他和他的家族祝福）也不免开个玩笑。

听说阿姆·牟玛尼音·阿依舍①（祈真主赐予她欢乐！）家里的一个老妇人，有一天问先知②（愿他有福）："先知啊！你看我长得像天堂中的仙女，还是像地狱里的女鬼？将来我能升天呢？还是要下地狱？"正像人们常言："作为真主的使者，即使说的玩笑话，也都是真理。"③这时，先知（愿他和他的家族有福！）半开玩笑地说："世界上任何的老妇人都不会进入天堂。"那位老妇人听后，怆然泪下。但是先知（愿他在天有灵）却微笑着解释道："不要哭啊！我的话，不要从反面去理解。我说的是对的。任何老年人都不会进入天堂，因为在末日审判的那一天，人们都要从自己的墓庐中起身复活的。"这一番话才使老妇人重又喜悦起来。

但是玩笑要开得恰当，不要低级下流。语言不要丧失身份。

---

① 阿依舍，是伊斯兰教第一任哈里发阿布·巴克尔的女儿，后嫁给了伊斯兰先知穆罕默德。死于 678 年。

② "先知"即指"穆圣"，亦即穆罕默德。

③ 此句原文是阿拉伯文。

不要说有损自己尊严的话。只有当同自己的妻子谈话时，口气过点才算不了什么。

但应当使风趣中包含着严肃，却要力避脏语秽言。并且玩笑不管多么风趣，也应当保持严肃性。只有庸俗的人说话才不讲礼貌。对于他们的话，你应当充耳不闻。

你对人们所期望的，正是人们期望于你的。

不要同任何人吵架，有教养的人是不会这样干的。只有女人和小孩子才如此。

假如偶然同谁因故争执起来，说话也不要恣情肆意，而应善于自持，最终和解。要能善自保重，而不要倨傲无羁。

要能通融最卑劣的人的愚顽不化的恶习，而应保持天赐的谦逊的美德。谦逊使人尽消嫉妒之心。

不要互传毫无根据的流言蜚语，流言能毁灭人性，点燃起怒焰。

不论饮酒作乐、玩笑寻欢、依依相爱，都属青年人的习性。但应正当从事，而不要放荡无羁。要能欲止则止，因为你还有许多事情要做。

在饮酒和玩笑方面，我已做了一些教诲，在谈情说爱方面，我也想尽我所知，同你详谈。不知你能否都按我所说的去做。在心中自行决断，往往是一件十分困难的事情。

第十四章　论爱情

孩子啊！你可知道：若对某人不存好感，也就不会有绵绵的情意。因此可以说爱恋产生于温柔和体贴。人云："遵照慈训行事，定不粗俗。"①

热情纯真才会有潇洒的举止。难道你没有看到青年人往往比老年人更加多情。这是由于他们的感情远比老年人热烈。性情粗暴，过分自私的人是不会有真正爱情的。因为这种人必定薄情。

但是你不要轻易与人相恋，而应当严肃谨慎。特别当处于贫困的时候，爱情往往伴随着许多麻烦。穷人恋爱时，首先想到的却是饱肚；尤其老人，更是只想到钱。因此我曾说过：

诗　歌

贫困给我带来许多忧苦烦恼，
到头来只好同你分道扬镳。

对于我这情况可以打个比喻：

---

① 此句原文为阿拉伯文。

市场上的货物没钱不能买到。

假如偶然机会你与某人相处和谐,心舒意畅,就不必显得过分拘谨呆板,而应表述自己的爱慕之情,却又不给人轻浮庸俗之感。态度轻佻不是明智之举。

正在谈恋爱的人,总是常有约会。但也不免分离。假如在一年里都沉浸在约会的欢乐中,就不要为一小时的分离而忧愁。你知道:整个恋爱过程都充满了痛苦和折磨,焦烦和忧虑。假如你因同情人分离而痛苦,这种痛苦却蕴含着欢欣。

但若情人不过怀着淫猥心情以流盼迷人,却并不了解你的情思,你同她幽会便不值得高兴。

假如你同情人刚一会见,随即别离,还不如不做这种会见的好。

假如你的情人像个丑八怪,人们的议论搅得你心绪不宁,他们不是背后议论你,就是说你情人的坏话。这已成人们的习惯。这时虽然你和你的情人难分难舍,也要能控制自己,不要再发展自己的爱情。

想见一面就立即成亲,是不好的。但当见到第一眼时,心中产生好感,自然会想与之接近,并进而愿再见到她。假如由此引起情欲,想与之会见的愿望就会倍加急切。于是便会想方设法安排同她的幽会。而当安排了第二次会见后,同她会见的愿望便加倍地强烈,情思也更加缠绵,于是便想见第三次。第三次见面时,交谈会更加亲切,推心置腹,两心相印,终于心随尔去。

此后,你便难以控制自己的感情了。即使想予约束,也不能如愿以偿了。时间越推移,情意也越深,以致达到不能自拔的地步。

　　但是假若在第一次见面后,便控制住自己的感情。虽有心愿,却还能服从于理智,决心不再提她的名字,把注意力转向其他方面。纵使有情欲,也要引到另外的地方去发泄①。此后若不再同她见面,思恋的痛苦不过一星期便消除了。自己会很快从忧闷中解脱出来。然而这并不是任何人都能做得到的。

　　医治这种相思病必须用高度的理智才行。之所以可以把相思看作一种病,正像穆罕默德·兹克里雅②所说的:"相思往往使人神情恍惚。"医治此病的药方,只有经常斋戒、肩负重任、长途旅行、经受劳苦、钻研学问,③诸如此类。

　　但是假若你把同某人见面看成一件快事,并乐于为她效力,则是可以同她相爱的。正像阿布·赛义德·布·黑尔④(祈真主赐福于他)所说:"有四件东西是人所必需的:第一是食粮,第二是衣被,第三是房屋,第四是爱妻。要求具备这四件东西,是无可厚非的。"

　　但不要把友谊和爱情等同起来。恋爱者的心中往往郁结着痛苦。这正像一个爱恋者在自己的诗中所表达的感情。

诗　　歌

　　　　兴奋啊! 姑娘! 你燃起了我的情火,

---

　　①　此句根据赛义德·纳菲斯所勘正的《卡布斯教诲录》第57页补译出。

　　②　穆罕默德·兹克里雅(865—925),见本书第34页注①。

　　③　此词根据赛义德·纳菲斯所勘正的《卡布斯教诲录》第57页补译出。

　　④　阿布·赛义德·布·黑尔(968—1048),波斯著名的神秘主义者。

但这熊熊的烈焰却只是把我折磨。

你知道：友谊总是带给人们欢欣愉快，而爱情却常常使人忧闷苦恼。

假如年轻人互相爱恋，产生情欲，人们见到后并不责怪，而予原谅。会说："还年轻呐！"但是老年人决不可轻易生痴动情。人们是不会谅解老年人的。

人们往往责俗者宽，责圣者严。因此作为帝王或长者，万不可以生此邪念。更不待说年迈的国王了——决不能觊觎民女，贪婪秀色。

故　　事①

这件事是父王沙姆斯·玛阿里的逸闻。在巴哈拉有个商人要卖掉一个美婢，标价两千迪纳尔。阿赫玛德·萨迪将此事报告了国王，并对国王说道："我们应派个人去把她买下。"国王说："你自己去吧。"于是阿赫玛德·萨迪来到巴哈拉，见到奴隶贩子，说："你让人把那个姣婢准备好吧！国王要用一千二百迪纳尔买下来。"

国王见到这个艳婢后满心欢喜，让她做递送毛巾的工作。即：当国王洗完手后，由她捧来毛巾供国王擦手。

过了一些时候，有一天国王洗完了手，这个侍女捧过毛巾。国王擦手时仔细地看了看她。当国王擦干手以后，仍用手摩搓着

---

① 此故事根据赛义德·纳菲斯所勘正的《卡布斯教诲录》第58—59页补译出。

毛巾,同时用眼睛盯着侍女不放。在国王饱餐秀色之后,才把毛巾放回。过了一会儿,他对阿布·阿巴斯·卡纳姆说:"我要给这个侍女自由,并将某个庄园赐给她,请记下我这诏书吧!请从城里找一个侍女做她的管家。并对她说:等她头发灰白的时候再来见我。"

阿布·阿巴斯·卡纳姆是当时的首相,说道:"陛下十分圣明,但是传达陛下的旨意时,奴婢们会问:'这样做的意图何在?'"国王便把刚才发生的事如此这般地讲述了一遍。之后说:"一个国王在七十岁以后还调情说爱是极不光彩的事。我作为七十余岁的老王,经管着至尊的主的子民。把军队、臣民、社稷都管理得有条不紊是我的职责。而我若淫逸玩乐,至尊的主不会宽容我。人民也不会宽容我。"

是的,对青年人的所作所为却是可以谅解的。即使如此,也应当举止庄重、理智清醒,这才不会玷辱尊严和高贵。

故　　事①

据说在卡兹尼城,②有十个丽女侍奉玛斯伍德苏丹③。她们每个人都身着华美的锦衣。其中有一个名字唤作努什塔金,玛斯伍德苏丹最喜爱她。然而过了几年,人们便分不清他究竟同谁最相亲厚了。因为他对所有人的惠赐都和努什塔金一样。没有谁认为玛斯伍德苏丹对自己情意最深。又过了五年,在苏丹面前人们

---

① 此故事根据赛义德·纳菲斯所勘正的《卡布斯教诲录》第59页补译出。

② 卡兹尼城曾是伽色尼王朝时的国都,现在阿富汗境内。

③ "苏丹"为某些伊斯兰教国家最高统治者的称号。

竟弄不清自己是自由民还是奴婢了。直到有一天他说道："我要给努什塔金分封领地，厚赐财宝。就像父王①对待阿雅兹那样。"这时人们才恍然大悟，原来他心中始终爱慕着努什塔金。

孩子啊！现在我已经结束了这个故事。假如一旦在你心中产生爱情，应当遵照我的训教，不要轻浮。为此，我作为一个长者，赠送你两联关于爱情的诗歌：

诗　　歌

任何恋爱都应当意笃情真，
就像欧扎拉和瓦玛戈②心心相印。

对情人不要三心二意，口是心非，
否则便不能作值得信赖的恋人。

我的诗虽然如此，但你不要急于去谈情说爱，而应慎重行事。假如你爱上了某人，就要十分珍重这种情谊。不应要求情人是巴特里穆斯③和柏拉图式的人物，但她应较有心智。也不应要求她像雅各之子约瑟④那样美丽出众，但却应俊秀端庄，以便堵住人们

---

① "父王"指玛赫穆德苏丹，阿雅兹是他的宠妃。

② 欧扎拉和瓦玛戈是一对情人。

③ 巴特里穆斯是古希腊著名的天文学家、地理学家和数学家。于公元167年在亚历山大城去世。

④ 约瑟因受到父亲雅各的喜爱，诸兄十分妒忌，遂将他推入陷阱，后被一商队救出，卖到埃及，后被擢为宰相。他以容貌秀绝著称于世。

的饶舌之口。

你应知道：人们往往习惯于互相指陈缺陷、吹毛求疵。比如当人们问一个人说："你有缺点吗?"他会答道："没有。"而若问："你看到别人的缺点了吗?"则会答："当然。"人们便议论说：其实，你的缺点比别人更多。

不要携带着情侣去做客。假如她和你同行，也不要当着陌生人的面就亲亲热热，温柔缠绵。外人是看不惯这些的。千万不要认为，别人也会用你的眼光去看待她的。正像诗中所说：

尽管你在众人面前弄姿搔首，
但在我这贫僧眼里却十分丑陋。

情人在你的眼里会是倾国仙姝，而在众人眼里可能丑陋绝顶。

你不要当着众人不断地给情人递送瓜果，不时地唤她的名字，附在她的耳旁轻声细语。即使你这样悄然耳语，我可以断言：人们并不会认为你在同她有什么幽密可谈。

祝你幸福！

第十五章　论房事①

孩子啊！你要知道：假如你爱上了谁，不要不管处于清醒状态，还是酩酊大醉时，都去找她，和她缠在一起。因为你排出的精子，正是人的生命之种。总之，在昏醉时，不要和谁纠缠。这时往往弊多利少。然而在微醉兴奋时，却最适宜同妻妾同房。但也不要灵机一动，说做就做。

作为人应当和牲畜有所区别。牲畜不懂什么时候该做什么事才合适。人则不同，做事时要考虑到时机合适不合适。

对于婢女和奴隶要一视同仁，而不厚此薄彼，以使他们都能对你敬畏，不致有谁对你敌视。

我曾说过：不要让他们经常混在一起，但也不对此完全禁绝，这都弊病太多。但是你让他们做房事，可在你高兴时。不必规定成一个制度，这样能使弊病减少。

但是不论你高兴还是不高兴，都不要在酷热的"三伏"或寒冷的"三九"时，把他们——尤其是老年人，赶去同房。在这两个时节做房事是有害的。除此之外的其他季节，尤其是春季，都是适宜的。因为在春天，温和清爽，溢彩流香，世界欣欣向荣。这时寥

---

① 这一章根据赛义德·纳菲斯所勘正的《卡布斯教诲录》第 61 页补译出。

廓的大千世界，最能对我们每个人的微型世界施以影响。尽管我们每个人的情况各不相同，但在这时却都有一种快感。因为在这个季节里，月经增多，精液也更加丰富。人们自然而然地都产生要求交际和同房的愿望。这时气候最相宜，弊病会最小，应予满足性欲要求。但在酷暑或严寒季节则当抑制性的欲望。

当你性欲旺盛的时候，应禁饮酒或其他烈性饮料，以及对性生活不适宜的食品。

在夏天时你应当让娈童侍奉，冬天可多唤姣婢。

在这方面仅简略地谈这些，不想多啰嗦了。

第十六章　论沐浴

应当经常沐浴。但不应当在饱肚时进行。因为这样做对身体有害无益。同时也不要在浴室性交。特别在蒸汽浴室内。

穆罕默德·本·兹克里雅·拉兹[1]说："我对于为什么有人因在浴室性交而暴死，感到惑然莫解。"[2]

但是浴池仍是一件极好的东西。可以说在建筑师们建造浴室之前，从没有像样的沐浴场所。

尽管沐浴有许多益处，但若每天进行，却并不好。这会使筋骨软化，失去原有的刚强和韧性。假如养成了每天必洗的习惯，你的身体一定会一天天羸弱下来，如患痼疾。看来隔天沐浴一次较为适当。这样既对身体有益，又不会因过分而带来害处。

到了浴池应当先去冷水间。先用冷水冲洗片刻，能使精神为之清爽。然后来到中厅歇息一会儿，在恢复体力后，便来到热水池，浸泡个把小时，以使细胞舒张。在从热水池得到充分裨益后，便可到单人小间洗头、搓澡了。冲澡时要用温水，而不要用太热或太冷的水。

---

① 穆罕默德·本·兹克里雅·拉兹见本书第 34 页注①。

② 此句根据赛义德·纳菲斯所勘正的《卡布斯教诲录》第 62 页补译出。

在浴室里不要呆的时间太长。最好不要在人多的时候去浴室,要在人少的时候前往。

当从浴室出来的时候,头发要擦干。不要头发还湿漉漉的,就在路上行走,这不是上层人士的作风。也不要在晨浴后,头发还潮湿就去拜谒头领们,这是很不礼貌的。此外,也不应没等头发吹干就跑去向人们问好。

前面我已经讲了沐浴的利弊。还有一点,即:在沐浴时,不要喝大量的水或饮料。这对身体是有害的,容易引起积水。只是在头晕脑涨时方可例外,那时稍饮些水,能消除干渴、减轻晕眩。

第十七章 论休息

孩子啊！你可知道：罗马人及其学者们主张在离开浴室之前应当小憩片刻。但是其他民族并无这种习惯。

学者们常把睡眠称为暂时的死亡。这是因为不论睡眠或死亡都是离开了世界。睡眠过多并不值得称赏，因为它会使体魄懒散、精神涣散、性格变态。

人们的表情计有五种：一为喜，二为忧，三为怒，四为静，五为醉。还有第六种为老态。一旦人们老迈后，面部便出现特殊的形态。

但是人们在睡时，不同于醒时。不论睡者什么表现，都不能加罪。应把睡者视同死人一样。我曾写过这样两联诗：

诗　歌

尽管你把我无端地折磨，
我对你的爱慕也毫不减弱。

美人啊！我不愿同你暌隔，
但你若昏睡，我便得不到欢乐。

　　整日昏睡不醒是有害的,但也不能劳而无息。假如有谁连续七十二个小时,即三昼夜,一味强打精神地工作,其间没有丝毫休息,就难免要累倒。

　　任何事物都包含着一定的比例。学者们认为:在一昼夜二十四个小时当中,清醒的时间约占三分之二,睡眠的时间约占三分之一。

　　应当以八个小时,按照至尊的主的意愿去进行工作;用八个小时进行娱乐活动,以提神养性;再用八个小时睡眠。在经过十六个小时的劳累之后,只有经过休息,才能使肌肉得到恢复。

　　然而,蠢人往往在二十四个小时中,睡眠便占去十二个小时。这样,处于清醒状态的时间只有十二个小时了。懒人则更有甚,休息占去三分之二的时间,能够干点事的时间只剩了三分之一;唯有聪慧的勤奋者,才只用三分之一的时间去休息,另外三分之二处于清醒状态,并按照我前面所提到的比例安排生活。

　　至上的主正是为了他的奴仆们的睡眠和休息才创造了黑夜;而为了能使他们生活,并取得生活资料,才创造了白天。他说:"我曾以黑夜为帷幕,我以白昼供谋生。"①

　　你知道:凡生命都有躯体和精神。躯体是有形的,精神则寄寓其中。精神有三个特点:活跃、机动、轻盈;躯体的特点与此相反:僵死、静止、迟缓。当精神与躯体合在一起时,它便能使躯体按照自己的特点行动。精神有时让躯体处于紧张状态,有时又让它放松,而处于懒散状态。如若没有精神附于躯体时,躯体则表现出自己的特点:僵死、静止、迟缓。

----

　　① 　见《古兰经》第七十八章消息(奈白易)第 10—11 节。

假如处于睡眠状态——就像一幢坍塌的房屋,屋内的一切都随之毁坏。当一个人睡得很死的时候,就丧失了知觉:听而不闻、视而不见、不嗅香臭、不辨浓淡,也感觉不出任何物体的轻重粗细。本来在清醒时也是能够说话写字的,但当沉睡时,便不再会说,也写不出字来了。

然而,记忆和思维是例外,即使躯体休息了,却仍有记忆。思维也会继续活动。这就是为什么人会做出五花八门的梦来。甚至睡醒之后也能讲述出自己的梦的内容。记忆和思维,人自己是控制不了的。否则,当入睡之后,就不会做梦;醒后也不能忆起梦了。

但是说和写则不同。假如人对此控制不了,那么当他沉睡之后,即使躺在床上,也应当能够在梦中谈话和书写了。所以人们只要在清醒时,便可以言词滔滔,书写自如;而一旦入睡,一切活动也就停止了。

一切动物在睡眠之后都会感到无比地舒适安逸,从而消除了疲劳。至圣至尊的主所创造的任何事物都是有道理的。

然而尽量不要在白天睡觉。如果夜里睡眠不足,而把白天当夜晚过,是很不明智的。

但在殷富之家大都有个习惯:即到炎热的暑夏时,每天午休。他们或者睡一个小时的午觉,或者在一起消闲。一直待到毒日偏西,热气减弱时才开始工作。

不管怎样,人们应当在清醒的状态中度过生命的绝大部分时间。只把一小部分时间用于睡眠。因为我们将来终会长久地安息的。

但是不论白天或晚上，想睡觉时切不可以单独去睡。应找人同你陪伴，以便你的精神得到慰藉。这是由于睡眠和死亡是两种十分类似的状态，都处于不省人事之中。只是一种还保持着知觉，一种已丧失了知觉。这两种睡眠的区别应在于：一种只能无可奈何地单独去睡，另一种则并非必须如此。不像前者是迫不得已的。此外，这个世界的同床者能使人欢悦，而那个世界的同床者和他一样没有一点生气。这就是生者的睡眠不同于死者的睡眠的地方。①

你应当养成早起的习惯。每天在太阳还未升起之前就起床，以便能在日出时刻，向至尊的主施行晨礼。黎明不起，爱睡懒觉的人，结果必定生活贫困，这是他清晨时不进行祷告的恶果。所以每天都应拂晓起床，先施晨礼，再开始一天的工作。假如早晨无事，即使出外打猎，或观赏歌舞，也未尝不可。

---

①　此段根据赛义德·纳菲斯所勘正的《卡布斯教诲录》第 65 页补译出。

第十八章　论狩猎

孩子啊！你可知道：骑马、打猎、打马球是贵族社会所喜爱的一些活动。纨绔少年尤以为甚。但做任何事情都应有个分寸：适可而止。比如，不要整天出外打猎，没有一点节制。一个星期有七天，可以这样安排：两天骑马游猎，两三天饮酒寻欢，还须有两三天安排公务。

人们都不愿骑矮小的马匹。这是因为身量魁梧的人看不起小马，而体格瘦弱的人又认为高头大马才为骏骑。不是去旅行，不要去骑善行的"走马"。因为"走马"驾驭起来很容易，但没什么趣味。在城里行进或随从国王游旅，应当乘骑矫健的快马，以便乘骑时显得精力充沛、精神抖擞，不会出现丑陋的姿态。

到了猎场，不要毫无目的的纵马驰骋。只有不懂事的娈童、小官们才这样做。看见了野兽，不要不顾一切地奔马擒捕。因为这既不庄重，也有危险。在我们的家族里有两个国王在猎兽时死于非命。一个是我的曾祖父阿米尔·瓦士姆吉尔·本·兹亚尔①；另一个是我的侄子阿米尔·沙拉夫·阿拉·玛阿里②。你可

---

① 阿勒·兹雅尔王朝的第二代国王。于 935—967 年在位。
② 指阿卡里加尔·阿努什拉旺国王。于 1029—1033 年在位。

让侍从们冲在前面，自己不必一马当先。只有当随从国王行猎时例外。因为这将关系到你的声誉，你可充分显露一下自己的本领。

再有，你若喜好狩猎，可训练一些猎豹、猎鹰、猎鹞、猎雕、猎犬等为你打前锋。这样既能得到游猎之趣，又没有生命危险。只要有所猎获，便可回转。并不为吃这些兽禽之肉，也不为要其皮毛，只为遣兴而已。

王族训练猎鹰有两种方法：霍腊散①国王爱把鹰锁住，不使其任意飞翔；但伊拉克国王并不锁住鹰，而让它随意飞动。这两种办法均可行。如果你不是国王，但对此有浓厚的兴趣，随你怎样训练都可以。而作为国王，不把猎鹰锁住，则显得更豪放些。但是每次出猎，放鹰只可一次。同一只猎鹰连续放两次，不合国王的身份，只宜放出一次。把猎鹰放出后，便可"观战"，直到它捕得猎物为止。假如它出猎没有成功，还可放出另外一只去追猎。国王在狩猎中的任务，只是观战而已，不必大驾出征。

如果国王狩猎时带着猎犬，自己不要牵着它们。应让随从们牵着它们走在前面，自己观看，而不必向着猎物纵马追奔。

如果带着猎豹，不要把它放在自己坐骑的臀上，这样很不雅观。再说，猎豹由自己训练，伏卧在自己的鞍后，也很不明智。这对国王尤其如此。

以上这些便是狩猎时所应注意的事项。

---

① 霍腊散现是伊朗东北部的一个省。

第十九章 论打马球

孩子啊！你可知道：假如你爱好打马球，应当小心谨慎。不要和一群人一起蜂拥而上，乱跑乱打。

故　　事

据说阿穆鲁·本·阿勒里斯①有一只眼盲。他曾是霍腊散的阿米尔。一天，他想玩玩马球。由于他是军队的统帅，便打算邀请将领亥尔哈尔②同去球场。但亥尔哈尔却劝阻他说："我认为您不应去打马球。"阿穆鲁说："你不是也常打马球吗？我怎么就不能玩玩呢？"亥尔哈尔说："您和我们不同。"阿穆鲁问："此话怎讲？"答道："因为我们都是有两只眼睛的人。即使球不幸击伤眼睛，瞎了一只，也还有另外一只可以看东西。而您只有一只眼睛，如果不幸瞎掉，可就作不了霍腊散的阿米尔了。"阿穆鲁听后，领首赞同地说："你讲得很对，考虑得很周全，我接受你的意见，今后再不提打马球的事了。"

---

①　阿穆鲁于878—900年在位。900年被伊斯玛依勒·萨曼王朝的军队战败俘虏，先后监禁在巴尔赫和巴格达城，902年被杀。

②　是历史上的一名勇将。

假如为了遣兴,在一年之中,打一两次马球也未尝不可。只是玩时,骑手不应太多,以免出现危险,总共不应超过八个人,除掉每方有一个人守门外,在场中活动的最多六个人。当一看到打来了球,应立即将球传出,让马也迅速闪开,千万不要玩花架子。这样就能既避免了危险,又能达到娱乐的目的。每一个打马球的人都应该牢记并遵守这些规定。

第二十章　论战争

孩子啊！假如已同敌人宣战，就不能有一丝大意了。平时可与他礼尚往来——若他请你晚宴，你则可邀他共进午餐。然而在战斗时，决不可放松警惕。要防备敌人刺伤自己。因为长眠墓庐之后，便永远不能再躺在家里的软榻上睡觉了。我曾用塔伯里文①写过这样两联诗句：

诗　　歌

即使敌人凶如猛狮，
也要应战而不必恐惧。

因为若被敌人刺死，
便再不会回家歇息。

同一内容，我用达利波斯文②也写过两联诗句，以使人们都能

① 塔伯里文是塔伯里斯坦的人民所用的文字。塔伯里斯坦现今属伊朗的马赞德朗省管辖。
② 即波斯文。

了解我的思想。

> 不论敌人阴险或凶猛，
> 都应气势如狮毫不留情。

> 当独自一人安睡坟冢，
> 便再也看不到娇妻的倩影。

　　在战场上，应当进逼敌人，而不应后退。当同敌人厮杀在一起时，不要畏敌而试图脱身，这样会使敌人有机可乘。须知敌人对你也同样畏惧。此时，要把生死置之度外，毫不怯懦，奋勇迎敌。因为在勇士手里短剑也会变长。同敌人交锋，既要消除恐惧心理，又要时刻保持警觉。哪怕有一千个生命，也不能有一次轻浮草率。照此去做，就能百战而不殆了。

　　假如反其道而行之，即使不在敌人手中丧命，也会身败名裂。丑事往往更易于传扬。若你因贪生怕死而保全了性命，及至家中，见到妻妾，也并不为光彩之事，反会惭怍终生。

　　假如你断绝了生活的来源，又在人们心目中名誉扫地，这样的活着，还不如死了的好。宁可光荣地死去，也不应耻辱地偷生。

> 为了在世间留下芳名，
> 宁愿牺牲宝贵的生命①。

---

①　这一联诗根据赛义德·纳菲斯所勘正的《卡布斯教诲录》第70页补译出。

但是决不能自恃骁勇，滥杀无辜。应当珍视每一个正直的穆斯林的鲜血。除非他干了抢劫、偷窃、盗墓的勾当。根据教义，只应铲除那些对两个世界都带来灾祸的人。给他们以罪有应得的惩罚。

假如你在这个世界上罪孽深重，声名狼藉，定将丧尽威信，众叛亲离。人们偶一提及，便仇恨满腔；偶一见到，便嗤之以鼻。

我在书中常常读到，当恶者死后，定将在那个世界得到恶报。据我的经验，他们往往还在世时，就会得到相应的报应。

而当一个人有幸获得天恩，这种洪福也会传给他的子孙。所以应当祈愿真主赐惠，永葆你和你的后代的幸福。但是你自己还须赍志长砺、勤勉谨慎。不要乱开杀戒，如果因此犯下罪愆，难免不会垮台。这正像我的祖父沙姆斯·玛阿里[①]的故事。

故　　事

他禀性暴虐，从不宽赦任何人的罪行。他的薄情寡义引起了军队的不满。他们暗地里同我的伯父法拉克·玛阿里串通一气。于是我的伯父便逮捕了自己的父亲沙姆斯·玛阿里。高级将领们威胁他说："你若不同意我们提出的条件，我们宁愿把国土交给异族人进行统治。"他一听此言，为了保全先王留下的领地的完整，并维护王族的统治。便任他们摆布了。我的意思是说，他终

---

① 即卡布斯·本·瓦姆士吉尔(976—1012)。

被逮捕、监禁、后用驼轿把他拉到切纳什克①土堡软禁起来。

在去土堡的路上，他问一个名叫阿卜杜勒的驮夫："军队筹划这么大的事情，我怎么事先一点也不能够得知呢?"阿卜杜勒回答说："这件事是某某和某某将领等五个人联合起来干的。他们欺骗军队，进行要挟，我也是其中之一。我叫阿卜杜勒，曾向人们起誓，坚决支持此事，并尽力而为。但是你不要因我，以及那五个人而气恼，而应想想自己曾经杀死过多少无辜者。"阿米尔·沙姆斯·玛阿里说："你想错了。我并不想为此事杀人。假如我杀了你和那五个将领，情况仍不会有所改变。将有另外六个人反对我，并最后取得成功。"

我曾说过：应尽量避免错误，凡尚未考虑成熟的问题，不要轻率从事。不要独断专行，气使颐令。这会引起人们的憎恨。也不要整日灯红酒绿，恣心纵欲，这会使穆斯林同你远离。更不能做那些残民以逞，为非作歹之事。对任何工作，都应当身体力行，体会其中的甘苦，避免重大的失误。对他人所犯的罪行，则应严加惩处。

但是谈到战争，正像我所提到的，要不怕牺牲、英勇顽强，只有不顾生命地勇往直前，才会获得"雄狮"的声誉。你应知道：有生必有死。动物可分为三种："希·纳泰戈"、"希·纳泰戈·米特"、"希·米特"。即指天使、凡人和禽兽。我从一本用巴列维文写的书中读到：当有人问及琐罗达士特②这个问题时，他答道："兹

---

① 切纳什克，位于古尔冈-阿斯塔尔·阿巴德一带。

② 琐罗达士特，原译琐罗亚斯德。于公元前六七世纪时创立琐罗达士特教。该教崇拜光明，如：火、日、月等。教义认为有善、恶二神。光明代表善，黑暗代表恶。在南北朝时该教曾传至中国。称为祆教或拜火教。唐时在长安建有寺院。

雅耶·古雅"、"兹雅耶·古雅·米拉"、"兹雅耶·米拉",也是同样的意思。由此可知,不论谁都是要死的。不要总担心是否会在战争中丧命,而应努力争取声誉。应怎样去死,先知阿里·本·阿比·塔列伯(祈真主赐福于他)说得好:"应虽死犹生。"[①]

我滔滔不绝,娓娓长谈,已经说得很多了。孩子啊! 常言道:"博学者往往健谈。"我还要强调的一点是:当你从世界获得了名声和财富以后,仍须谦逊不傲、克勤克俭,以求继续积累财富,保持美名。务必量入而出,不能铺张浪费。若入不敷出,生活便难于安稳。一切都应遵循着主的旨意行事。[②]

---

① 此句原文为阿拉伯文。
② 此句原文为阿拉伯文。

第二十一章 论积累财富

孩子啊！为积累财富应做不懈的努力，但不要为此而冒生命危险。应当谋财而不忘义。要使用正当手段，以便既能得到财富，又能心安理得。

得财不易，守财更难。稍一富足，便挥金如土，不足为取。不得不开支时再开支。但开支后要尽快补足。假如只消耗而不弥补，即使有卡隆①那样多的财富，也终会竭尽。但也不要把事物看得一成不变，认为会永远富贵下去。这样，一旦到财竭钱尽时，才不会痛楚心忧。

财富愈多愈应学会理财。贫寒但善于谋划者，胜于富足却滥加挥霍者。你的近友，即使家财万贯，也尽可能少求助于他。人们常说："宁去拾取敌人抛弃的破烂，也不向朋友伸手乞怜。""为一日挥霍而辛苦聚财，不如衣食节俭计划安排。"财少而省吃俭用终会富裕。财多而不知俭朴，难免受穷。

应视勤劳为美德，懒惰为羞耻。懒惰会酿成贫困。要辛勤劳作。只有付出劳动，才能见到成果。怠惰只会一无所获。如果说勤劳能聚财，那么懒惰的结果定是弃财。

---

① 伊朗古代国王法尔翁的宰相，以巨富闻名。

智者说:"努力吧! 只有富而不贪,才能成为强者。只有虚怀若谷,朋友才会增多。"靠辛苦劳累好不容易才挣得的钱财,不要坐吃山空,更不要挥金如土。这种做法不为明智。到真正需要时,将后悔莫及。虽然用自己的劳动所获得的成果归自己享用,但在必要时也要能慷慨解囊,而不吝啬。因为不管多么珍贵的东西,也不能将它带到坟墓里去。

花销多少要根据收入的多寡。只要想想一无所有的托钵僧,你便会生活得知足,而不会总是感到拮据了。假若收入是一个达拉姆①,开支为一个达拉姆和一个合别②,家里便会越来越贫困。并且可能背上债务。相反,只要在收入的每一个达拉姆中,少花一个合别,那么家里便会有所积蓄。生活会日益兴旺,而决无破败的可能。不管财物是多还是少,都应知足。知足者不会感到困苦。每日所需求的只能是应当属于你自己的那一部分。

凡是被人们赞许或期望的事情,就应全力以赴地把它做好。而不要去做那些对穷苦人有损害的缺德的事情。一般人总愿媚事权贵,但权贵因不能得益,并不以为然;一般人总爱鄙视托钵僧,但并无损于他们,因为他们已一无所有。对于富人曲献殷勤、陪送笑脸者,往往对托钵僧冷眼相视,无故羞辱,这不是好的品质。

慷慨施舍是人的美德,慷慨者往往被赞誉。但是浪费则是恶习。至圣的主认为应视浪费为大敌,凡主的奴仆都应弃之。至上

---

① "达拉姆"是一种银币,相当于十二个基拉特。
② "合别"是一种碎银,相当于四分之一个基拉特。

的主说："不要浪费，真主确是不喜欢浪费者的。"①凡是至尊的主所不喜欢的，你则不应为之。任何灾难都会给人造成贫困，而浪费也是变富为穷的原因。

浪费不仅指大手大脚地滥花钱，在饮食、谈话、办事，以至一切方面均会表现出来。浪费实为一种罪恶。它会使身体虚弱、精神萎靡、才智减退、生命缩短。你看，灯之所以能有光亮在于有油。假如把灯碗中的油无故倒掉，使灯芯不能吸到油，那么灯必定很快地熄灭。可以说：节省用油，灯则长明；随便浪费，则灯熄光灭。所以问题不仅在于是否有油，还在于是调节适当，还是浪费无度。这正是灯的明灭之关键。伟大的主正由于此，才把浪费视为大敌。智者也都反对任何的浪费。认为浪费必定形成危害。

但是也不必故意含辛茹苦，甚至不去满足生活之所必需。该购置的应去购置，该享受的应去享受。饿其饥肤，故作贫寒，亦是错误。因为财富再宝贵，也不能同生命相比。

总之，对于所积聚的钱财，要正确使用。不要花钱如流水。不要贪图赌博的幸运，也不要酗酒成瘾。要小心防盗才可能避免失盗。

只有兢兢业业，勤劳俭朴，才能增加财富；贪图安逸，不会有所得；投机取巧，也不会有好的结果。这是由于舒适的生活来自艰苦的劳动；而贫困艰难的原因则是贪图享乐。即是说：今天的安闲逸乐，带给明天的是痛苦烦忧；今天勤奋劳累，明天则会欢乐幸福。

---

① 见《古兰经》第七章高处（艾耳拉弗）第 31 节。

对于由劳动所得的收入,要有计划的开支。每收入一个达拉姆,可以拿出两个旦戈①来,作为自己和家庭的基本生活费用。除非特别需要时,一般不要超过这个数目。然后再拿出两个旦戈来,作为日常零用开支。最后还要剩下两个旦戈,把它储存起来。以便应付急需,消灾弭祸,也可以作为年迈体衰时的花销,或者作为遗产留给后代。

储存这两个旦戈的办法,最好是买贵重物品。它不存在消耗或泯灭的问题。就像用珠宝、金、银、铜、锡,或青铜等等所制造的能够经久不坏的物品。这些物品大都可以埋入地下,欲用时只要从地里挖出即可。既不会销损,也会保持着原来的价值。这些贵重物品,不论是什么,都不要随意把它卖掉。不要认为:现在卖掉它,将来再买件更好的。因为虽然想的是现在卖掉它,将来再弥补。但是一旦弥补不上,家业就会遭到损失。长期如此,就会变穷。

不论什么情况,都不要去借贷,也不要去典当,欠债总是不光彩的。不要贪图暂时的小利。

不要轻易借款给人,尤其是给朋友。因为索还时往往伤面子。所以还是不借的好。假如借出去了,就不要再把这钱看作是自己的财产。心里要这样想:这钱是我白给朋友的,他不必偿还。不要去索债,这只会使友谊破裂,变友为敌。一旦关系破裂,彼此敌视,再想消除隔阂,成为好友就困难了。今日好,明日坏——小

---

①　"旦戈"是银币单位。一个旦戈折合八个合别,或两个基拉特。六个旦戈合一个达拉姆。

孩子们才这样做,成年人不能这样轻率。

　　对于自己的任何财产都可以随心使用;但不要贪婪他人的东西。若要同人们关系协调,须做到财产分明——属于自己的,归自己使用,属于他人的,由他人支配。这样,你在人们的心目中才是靠得住的、可信任的人。你才能够永远是个强者。真主是最有知的。[①]

_____

　　① 　此句话原文为阿拉伯文。

第二十二章　论托付财物

孩子啊！假若有谁求你保管某件物品，你应尽可能推辞。因为接受保管孕育着灾难。保管别人的物品，不外有三种结果：其一是完璧归赵。正像崇高的主所启示的："把一切受信托的事物交给应受的人。"[①]穆圣（愿他有福和安息）也说："要负责把代管之物交还本人。"[②]作为一个正直高尚的人，对于他人欲寄存的财物，应尽量推托不受。而一旦接受，就应保证完物归还。

故　　事

我听说有个人天还没亮就去浴池洗澡，半路上遇到了一个朋友。于是便对他说："你能陪我去洗澡吗？"回答说："不行，我还有事。不过我可以陪你走到浴池门口。"但是还没到浴池时路过一个岔口，他的朋友也没打个招呼，就拐向另一条路走了。而恰在这时，有个小偷走到他的身后，想伺机偷他的东西。这时由于天还没亮，他并没有看清这是个小偷，还以为是他的朋友呢。于是

---

① 见《古兰经》第四章妇女（尼萨仪）第58节。

② 此句原文为阿拉伯文。

他从袖子里掏出一个布包,里面装着一百迪纳尔,交给了小偷,并说:"好兄弟啊! 请你代我保管一下吧! 等我洗完澡再还给我。"小偷接过了金子,便等候在那里,直到他从浴池出来。这时天已大亮。他穿好衣服,径直走去。这时小偷叫住了他,说:"年轻人啊! 把这金子拿回去吧! 你快走吧! 今天我为给你保管金子,已经耽误了自己的事。"这人问:"这是谁的金子? 你是什么人?"回答说:"我是小偷。这金子是你给我的!"于是问:"既然你是小偷,怎么不把我这金子拿走呢?"答道:"假如这是我从你那儿偷来的,哪怕是一千迪纳尔,也休想让我还给你一个迪纳尔。而这个钱是你托我保管的,我应当如数交还。因为侵吞受人委托保管的东西,是不道德的。"

假如你非随己愿把钱花光了,或者某件心爱的东西被人盗走,或者你想得到某件东西却又没有如愿以偿,或者当你贪欲某件东西时,都会给你带来极大的烦恼。而若当你得到某件物品,把它委托给某人保管时,也同样出现种种忧烦。你会担心你所委托的人是否可靠。或许他会说:"这是我的东西,我放在那儿的,我拿走了。"他说得理直气壮。对于这种无赖,你只有忍气吞声,悻悻然碰一鼻子灰。假如你说你的财产被人侵吞了,不会有人相信。人们还会认为你是有意骗财呢。所以对于不可靠的人,当委托他保管物品时,应当拿个抵押品。他若不愿给抵押,就不要托付他。有了抵押品,到时候不管他高兴还是不高兴,都可以把物品取回了。这时,他若爽约,就会在人们中败坏名声,再没有人相信他了。他虽只侵吞一件物品,却遭到人们的唾骂。在这个世界上,他不会享受到欢乐。到了那个世界,至仁的主也不会赦宥他。

分　章

当你把财物托付某人时，还要防止另外的人冒充你而把财物取走。为此，在寄存时，应有两个证人或证物，以便取时作证明。这样做能避免许多麻烦。假如因此而引起纠纷，须要找人见证，这时不要表现得凌然傲慢，这会给人一种以势压人的感觉。

尽量不要以起誓说明自己的诚实。不要随随便便地立下誓言。但信誓之后，必定履行。这样，人们才会相信你的话是可靠的。你应当尽可能使自己成为强者。

不聚财守财，不行善留德，也不诚实可信——这是流民的品行。你若名声败坏，信口雌黄，就无异于行乞者了。

对待他人的托付，要像"炼金"①那样认真。应当为人正直，使人觉得你忠实可信。无论谁都乐于把物品托付于你。永远不要骗人。但也应警惕，不要受骗，特别是在买东西时更须小心。这样生活你才会感到欢快。

①　古代有人钻研"炼金术"，欲把黄铜冶炼成金。有点像我国古代的"炼丹"。

第二十三章　论买奴婢及如何 识别其优劣[①]

孩子啊！你若想购买奴婢，须格外谨慎。因为这是一件十分困难的事情。有的奴婢各方面条件都很好，但对他（她）的初次印象可能很坏。很多人把奴婢也看成一般商品，认为属于商业范畴。实际上购买奴婢包含着许多哲理内容。

假若谁想购买某种商品，而又对那种商品的情况一无所知，就难免受骗。而人，最难做到真正了解。人，都有缺点，也都有才能。看待他们时，有时会因一丑而遮掩了百好。也有时会因一好而遮掩了百丑。如果缺乏很高的识辨能力和丰富的经验，是不能真正了解一个人的，只有具备先知的慧眼，才能一眼看穿人们本性的善恶。而对于肉眼凡胎来说，不经过一定时间的考察，是难以了解到一个人的技艺之优劣、品德之好坏的。其了解应包括三个方面：一是内在的及外在的优点及缺点；二是这些现象的表面和隐蔽的原因；三是人的气质以及个性特点。但是首要的是你应具备敏锐的洞察力。

对于所要买的奴婢，你应认真观察，了解他（她）的各个方面。

---

① 这一章根据赛义德·纳菲斯所勘正的《卡布斯教诲录》第 119—125 页补译出。

有的人只看其面貌的美丑，而不注意躯体和四肢健全与否；有的人则相反，不管面部如何，只看体格和四肢——是否匀称和健美，是胖还是瘦。但是一般挑选奴婢，首先要审视他（她）的容貌，看是否端正。然后再依次细看他（她）的眉眼、鼻子、嘴唇和牙齿，最后是头发。至尊的真主能使人们的眼和眉映出善恶，以鼻子决定美丑，以唇和齿显示爱恨，并用皮肤的色泽，头发的浓丽作为装饰。如上所述，头发能把人衬托得更加漂亮。对一个人应全面观察：看他（她）两眼和双眉是否和善；鼻子是否端正；唇齿是否可爱；皮肤是否细嫩；而对于四肢的长短却不必细较。即使不具备所有这些条件，也必须举止娴雅。我认为：娴雅者即使不美，却优于美而粗蠢者。

人们常言："量才而用。"应当先明确做什么用，再根据要求去采买奴婢。假若为了用来在内室侍奉或待客，其婢女必须修长合度，胖瘦适中；腰若束素，后臀微丰；肌肤丰润，面貌白净；发色黑褐，五官端正；唇若涂朱，黛眉如弓；齿若含贝，俊眼如星；鼻腻鹅脂，酒窝显明。总之，不论身体的哪一部分都俊美协调。这些婢女不仅美丽，而且还要遵守礼仪，性格温柔，忠诚驯顺，品格端方，随分从时。

饱学才高的奴隶往往有以下的特点：相貌端庄，发不甚密，胖瘦合中，唇色浅红，手掌阔厚，指距宽大，鼻梁扁平，双眼深碧，天庭饱满，蔼然含笑。让这样的奴隶去钻研学问、理财管家、保管仓库等，都是可以信赖的。

用来表演歌舞的奴婢，其肌肉须十分灵活，却并不很多。特别是腰背则更应如此。其手指应为细长，身体则胖瘦相宜；千万不要选那些脸上横肉堆满的人。而应选那些肌肉柔软，指间宽大，皮肤细嫩，头发既不过长也不过短，既不过红也不过黑。眼睛碧蓝，两腿均称的人。这种人不论学什么，都能很快掌握，尤其宜于学习歌舞。

能持械保镖的奴隶应是：深发浓密、魁伟高大、体格健壮、肌肉发达、手指粗厚、骨骼坚硬、皮肤粗涩。还要：关节灵活、筋脉柔韧、血脉外露、手掌阔大、膀宽腰粗、脖颈粗硬，若能额发前垂则更好。还应腹收臀突，腿长步大，眼珠黑褐。这样的人勇敢善斗，顽强无畏。

侍奉妻妾的内帏家奴应是：肤色漆黑、脸色阴郁、皮肤粗糙、身材萎缩、头发浓密、嗓音尖细、两腿细长、唇厚鼻阔、手指短粗、脊背弯曲、脖颈纤细。只有这样的人才宜于在后室侍奉妻妾。决不可让那些皮肤白皙、面色红润、棕发稀疏者以及那些眼神诡诈、举止猥琐的人出入于深闺。这种人善于讨得女人喜欢，或为她穿针引线。

那些厚颜无耻的奴隶，宜于作更夫和马夫。他们浓眉蓝眼、眼皮厚重、眼球色深、眼白微红、口大唇薄、贫嘴贱舌。这种人不知羞耻、不懂礼仪、奸诈无赖、常寻衅闹事。

作侍童和厨师的奴隶应是面容清秀、身体洁净、伶俐乖巧、眼睛深碧、体态端庄、寡言少语、发色棕红、略有前垂。作侍童和厨师须具备这些条件和特点。而且还需要了解他们是哪个地方的人，把籍贯、缺欠和技艺等都了解清楚。

如突厥人，情况就很不相同，各地有各地的特点，卡伯加戈和喀兹地方的人脾气较为暴躁；和田、哈拉赫和西藏地区的人则性情温和、蔼然可亲；最勇敢剽悍者应属塔尔戈人、鞑靼人、蒙古人和加克里人；而切克里人虽贫困散漫，却聪明好学、爱动脑筋。至于长相，亦差别甚大。突厥人从局部来看似乎很丑，但从整体来看却十分俊美。印度人则反之。你可仔细观察突厥人：他们头圆面方、眼小鼻宽、唇齿亦不过尔尔——从每个局部看并不俊美，但若从全貌来看，却相当漂亮；印度人恰恰相反：从一个一个的局部来看，每一部分都很俊秀，但从总体观之，未必就比突厥人美丽。而若从气质、性情、洁净和风度等方面全面衡量，突厥人甚至更胜出一筹。若抛开各地区的人之间的细微差别，来看突厥人的性格，可以说好的方面极好，差的方面极差。一般说来他们的缺点是：思维迟钝、行为愚鲁、喜好喧哗、从不知足、处事不公、嗜酒成性、酗酒闹事、吵嚷不休。他们惧怕黑夜的降临。在白日里他们虽然勇敢无畏，但趋于冷酷。他们鲁勇，但待人诚恳，然而又难于与之融洽。他们擅长于游动和角逐的工作，而不乐于做别人的扈从。

苏格拉比人、俄罗斯人和阿拉尼人的特点，有点像突厥人，但是较为耐心些。他们也都各有一些缺点。只是阿拉尼人在夜间要比突厥人有胆量，对人也更热情些。他们办事较为现实，也如突厥人那样喜爱艳美。他们的缺点是：小偷小摸、桀骜不驯、奸诈诡秘、性情急躁、好施小计、工作松散、与人不善、待人不诚、鲁莽蛮横。他们很善于争逐和歌舞。此外还有交友俗浅、办事拖沓、粗言悍勇、顺从长官、好忆往事等特点。

罗马人的特点是：恶语伤人、内心胆怯、意志薄弱、办事懒散、缺乏韧性、心怀恶意、临阵逃脱、嫉妒爱财。他们的优点是：沉着冷静、和蔼可亲、容貌清秀、擅长理家、面带笑意、性格温顺、守口如瓶。

亚美尼亚人的特点是：行为不轨、手脚不净、不讲卫生、不守厥职、放纵无羁、夸夸其谈、假话连篇、对友不忠、胆小软弱、心怀二意。而他们的优点也像缺点那么突出。他们天资聪慧、思维敏捷。

印度人的缺点是出言欠逊。若家里缺少婢女，不要找也门人，而应找印度人。任何地区对人们的交往都无限制，唯独印度，其内部的等级十分森严。他们习惯于在行业内部交往，而不逾越自己的等级。比如：食品店老板只能把女儿嫁给开食品店的。屠夫的女儿只能婚配给开肉店的。以及面包师傅只能和面包师傅、武士只能和武士、婆罗门只能和婆罗门结亲。以此类推，不一而足，不得违反，我就不详说了，这已超出了本书的范围。他们中许多人都是慈眉善目、睿智聪明、慷慨胆大、善理家务、信仰笃诚、学识博深。

努比人和埃塞俄比亚人是缺点最少的。埃塞俄比亚人要更强过努比人。穆圣（祈真主降福给他）曾多次褒扬过他们。

以上便是各个地区的人的优点和缺点。现在我再谈谈怎样来看他们定价的贵贱。

买奴隶的时候，一定要了解清楚他们外在的和内在的特点。千万不要等闲视之，只满足于一孔之见。有的人粗看很美，细审则丑。也有的人粗看很丑，细审则美。此外，一个人面貌的美丑并不就决定了一切。还应认真检查他的全身，以便不要有所忽视。有许多方面，你若留神就看得到，不留心便会放过，以致几天后才能发现。

假如他（她）面腮发黄、双唇浅淡、眼睛无神，说明痔疮严重；若眼皮肿胀，说明患有水肿病；若眼白发红、额筋暴起，说明患有突发性癫痫；假若眼睫张翕迟缓、而嘴唇却抖颤不止，则是患有抑郁症的特点；若鼻骨倾斜、鼻梁不正，说明患有鼻瘘或鼻窦炎；假如头发漆黑粗涩，且深浅不匀，说明头发是染过的；若身上有一块一块的斑痕，但并非麻风，且眼白发黄，这是黄疸病的症状。当买奴婢的时候，还应该让他（她）平躺下，揉摸他（她）的两侧，并仔细观察，看是否有隐痛或红肿处。若有痛感，则是有肝和脾的毛病。当你了解清楚了这些隐蔽的疾病，并认真观察口鼻气味、视力程度、耳聪与否，说话能力，是否口吃，步伐可稳，齿根坚否，以便不让卖主欺骗你。如果你按照我说的去做，做到心中有数，这样买来的每一个奴婢都会是品貌端庄、身体健壮，能为你带来裨益。

再有，只要能买到波斯奴婢，就不要买只是懂得波斯话的其他民族的奴婢。这是由于波斯奴婢同你有相同的习俗，其他人则不会有。

当你性欲正旺时，不要带着这样的眼光去看待婢女，否则便会好坏不辨，所以在买婢女之前，应当首先平息自己的欲火。

不要去买在另外的地方受宠的奴婢。因为你若不爱抚他（她），他（她）不是逃跑，便要求再转卖掉。或者对你心怀敌意；而你若爱抚他（她），他（她）却不会领情。因为他（她）在原来的地方对此已习以为常。你应当去买那些在原来的主子那里受到虐待的奴婢。对这样的奴婢，你只要稍给以好处，他们就会感恩戴德，产生对你的敬慕之心。

你应当经常赐惠予奴婢,使他们不感到窘困,不为必要的开销而苦恼。

买高等奴婢时,要看他(她)身上所戴的珠宝首饰是否价格相当。不要买那些随身带着许多阉奴的艳婢。因为你还有好多妻妾,这会引起她们的嫉妒。

奴婢应当一个一个地买进。当他们之中有谁要求把自己卖掉时,不要殴打他(她),卖掉他(她)就是了。不论哪个奴婢要求卖掉,或哪个妻妾要求休掉,那就把他(她)卖掉或休掉,不必可惜。

假如奴婢有意犯懒、找茬儿、出错,而不是出于疏忽马虎,这便是不祥的预兆。

假若他(她)再不肯勤勉如初、温良和善,那就应尽速把他(她)卖掉。轻声可以把入睡的人唤醒,金鼓齐鸣却无可奈何懒虫。

不要容忍那些行为不轨的家人,家人正派才能致富。应当多收容忠实的奴仆,奴仆忠诚主人才幸福。一个笃实勤恳的人胜过两个三心二意的人。

不要允许你的奴仆们互相称兄道弟,也不应让他们同姣婢呼兄唤妹的,因为这会带来很多麻烦。

不论对待奴婢和所管辖的自由民,给他们的负担要适应他们的能力。这样他们就不会因为力不胜任而不予服从了。

你自己首先应当身正,才能有效地正人。奴婢们则应当尊重师父、师母、师兄弟、师姐妹。

不要买奴隶贩子的贴身奴隶,因为他们在奴隶贩子面前过于恐惧胆怯，如同驴子见到兽医。

　　不论什么时候做什么工作的奴婢要求卖掉自己，那就应尽速把他们转手。不要因同情他们而把他们释放。他们对买卖自己并不畏惧。

　　你只要按我的话去做，就一定能实现自己的愿望。

第二十四章　论添置家产

孩子啊！你应该懂得：买卖房产、土地或其他任何东西，都有规律可循。都应当在最便宜的时候买进，最贵的时候卖出。寻求利益，并不为耻。正如诗云：

> 付出努力，
>
> 以求得利。

不要认为讨价还价为多此一举。会讨价，就会做一半生意了。所买之物应是货真价实，不是白花钱或多花钱。要想不吃亏，就不要贪图可能吃大亏的小便宜。既不要像乞丐那样期待施舍，也不要妒忌他人。

做任何事情都要沉着，因为沉着能出智慧。做任何事情都不要慌张，因为慌张会导致愚蠢之举。办事还忌讳鲁莽，鲁莽只会办傻事。在情况不明、工作不熟时，要尽快摸清规律，从容不迫地把工作引上正道。不论做什么事情都不要匆匆忙忙。置房买地也是如此。

若想买房，就应先了解一下那个地区的居民是否忠厚善良。但是不要去买城边或城墙脚下的房子。也不要贪图便宜而买摇摇欲坠的房子。买房首先要了解邻居情况,常言道:"先看邻居好坏,再看房子如何。"①别扎尔贾姆哈尔说:"有四样东西最烦人:邻居太坏;子女过多;与妻不合;手头拮据。"当然,邻居还不应有阿里②的后裔,知名学者以及官僚名宦。

应当到那样的地方去买房:在那里没有人比你更富贵。但是要注意邻居的选择。他们应是知情达理的人,而你也要对他们体谅尊重。常言说:"对邻居要自持谦和,不要随意打扰。"③对待当地的居民要热情友好。当他们身患重疾时应前去探望;当遇到他们的亲友丧亡时,应前去慰恤;而对于死者则应举哀执绋。不论邻居从事什么职业,都要同他们友善相处。如果高兴的话,还可以更进一步,根据情况送点礼物,或吃的,或用的,逐渐使自己成为那里最受人尊敬的施主。看到了邻居家的小孩子,要予以爱抚,拉过来,逗逗趣;而遇到老人时,则应表示敬重。

你应按时出席集体祈祷日。在斋月时主动献出灯火蜡烛。不要忘记:"与人为善,得之以善;与人为恶,得之以恶。"你应知道:人们所能追求到的,只是他们所应得的。因此,不可做的,便不去做;不可说的,便不去说。而若去做不该做的事情,就会得到不该有的结果。

假如把家安到大的城镇,就应尽力适应周围的环境。在那里所买的房屋,其屋顶应比他人家的高些。以便你在内宅的活动,不被外人看到。但是,你也不要以己之便去窥望周围人家。

假若买地产,不要去买没有人烟的贫瘠荒地;也不要去买会

---

① 此句原文是阿拉伯文。

② 即指阿里·本·阿比·塔利伯,见本书第五章注。

③ 此句原文是阿拉伯文。

遭罚款的禁地。所买之地应当物产富足，设有界碑，并且周围找不到与之相似的地。

土地可视为稳定的财产。因此一般应到正待开发的地区去购置。那里既有潜力，又能很快发展。当然，耕耘土地，不能懈怠，这样才能得到可观的收入。如果收入不足，你便可给村长送一些礼品，以便能开垦荒地，得到额外收入。最后荒地也将变成熟地，并归你所有。

第二十五章　论买马①

孩子啊！假若你去买马，千万要谨慎小心，以防受骗。因为马也和人一样：好马或好人，不论出多大的价钱也值得；而坏马或坏人，不论用什么话来骂它（他）也应该。

智者说："世界因为有人类才得以繁华，而人的尊卑往往有赖于牲畜，而最好的牲畜则是马。马既能衬托人的尊贵，也能衬托人的英勇。"常言道："英俊恃良马，娇美恃衣裳。"然而识别马的优劣，比识别人更为困难。同人有语言相通，同马则无，只能靠观察。

若想了解马，首先靠看。即使你并不谙熟马经，也不要马马虎虎有所疏漏。良马往往外观俊美，劣马却很丑陋。

内行人认为较好的马应该是这样的：牙齿狭长、洁白齐整，下唇较大，鼻高且宽、向上伸延，天庭阔大，长耳宽厚，脖颈前挺、长而粗实，后身瘦健，膝部粗大，大腿较短、小腿较长，细毛润泽，蹄子漆黑、又大又圆，背高腹小，胸肌厚实，前腿与后腿之间相距很宽，尾粗毛长，尾尖细窄，阴筒②墨黑，青眼明眸，步履轻捷，关节灵

---

① 这一章根据赛义德·纳菲斯所勘正的《卡布斯教诲录》第87-94页补译出。
② 阴筒即雄马的生殖器。

活,背短臀实,尻部较宽,大腿内部肌肉丰厚、筋络交织,当骑士骑在背上时能解其意。你可根据我所说的特点去观察,一般来说凡符合者即为骏马。

还应注意其他马所不具备的特点,即:毛的颜色。

最佳者应为栗色。这种马矫健敏捷,抵得住暑夏日曝、严冬寒浸。但颜色若是浅褐,则为驽马。假若生殖器官、前膊前管①、飞节后管②、马尾马鬣、面颊前额,都是黑色者,应为良马。假若这些部分毛色呈棕,且无杂毛,亦称好马。虽为棕色,但身披黑斑,且鬣鬃前额、尾部阴筒、臀端两胯、眼睛嘴唇皆为深黑,定为骏马。对栗色黑斑马的分辨亦然。

识别红额红尾的黑马,主要看其黑色是否极深。面额虽为红色,但是眼应除外。因为红眼马匹多数都性野骁悍,缺陷甚多。

假若毛为灰色,则鲜有佳者。毛色愈浅,马愈劣。而眼睛、尻股、阴筒、尾部呈白色者尤是羸驷。虽为白马,但若是黑背黑腿——我在谈栗色马时已经说过,亦可称良骏。苍白杂黑色马,不为人称赞,骏足甚少。

马会很多技能,然而不足之处也很多。对马的良骏你已经很清楚了,对它的缺陷你也应有所了解。它有几方面的缺陷,一是误事,二是丑恶。虽然并非总是如此,但却曾因此而发生过不幸。马可能要交尾寻欢,这时由于它用心不良,脾性极为躁烈。对此有些能言之,有些难言之。但它的缺点及其原因,都是有名目的。

---

①　"前膊"为前大腿;"前管"为前小腿。

②　"飞节"为后大腿;"后管"为后小腿。

对此应深切了解。

举例来说：其中之一便是不懂人话，因此往往迷失方向。尤其当它追寻牝马以交欢时更是如此。况且它同牝马在一起时一般并不嘶叫作声。

夜盲马，即在夜间不能视物者，情况更糟。它的特点是：其他马司空见惯之物，它却对之恐惧惊骇。但面临危境时，却又照旧前行，而不知闪躲。

聋马亦是劣马。特点是：当其他马咴儿咴儿嘶鸣时，它却无动于衷，仍旧两耳伏垂，拒不作答。

假若马眼斜视，亦有很大危险。当把它赶上羊肠小道时，它往往向外斜走。

假若马的视力微弱，就是白天也看不清东西。其特点是：瞳孔黑中带绿，睁大眼时，睫毛不眨。这种情况表明可能两眼都有毛病。

虽然眼睛斜视的马有明显的缺陷，但是阿拉伯人和波斯人都认为它表示吉祥。然而我却听说这种马总爱犹豫不前。有一种马，其中有一条腿色呈乳白。如果这是左腿，则是不吉利的象征。

马的两只眼睛若都呈蓝色，堪称良骑。而若仅一只蓝眼则是缺陷。尤其左眼蓝，更不好。

马眼无神，即：眼呈灰白色者，定为驽骀。

色呈棕黄者，不为良马。

耳朵细长，亦不为佳，这种马外观不美。

罗圈腿马为驽马。这是因为它的四肢弯曲，用波斯语来说是"弓形腿"，容易跌倒。

鬣长及背者，常走厄运。这种马的后颈，腿根和前胸处的毛也都较长。因此易在腹下打结，有碍马镫。假若两侧的毛都很长，就更加糟糕。长毛腿马亦常带来不幸。它的前管、后管不论内侧，还是外侧，都易使毛打结，一般情况还好，但当马疲惫足骞时，就易出事。即：易使两腿相缠。俗称之为"缠腿"。

马的腿瘦长，也不为良骥。因它走路时高低起伏不定，被唤做"颠马"。

卷尾马，亦是劣骀。这种马，尾骨卷曲，俗叫"露腚马"。即是说：它的阴筒暴露在外面。马尾如狗尾似的上翘者，是羸驽。

马若是内向蹄，亦不好。这种马不能挺直立起。腿纤细者，也是驽马。这种马往往造成瘸腿，因膝关节易生肿瘤。前腿粗壮、后腿瘦弱者，是劣马。这种马桀骜难驯，常常骅突狂奔、长嘶怒啸、翻蹄尥蹶，即使便粪，也不稍事停留。

发情周期短的雄马亦非骏奔。

那些眼圆如鸦者，多是夜盲。

故　　事

据说在新春节日时①，牧童来晋见阿赫玛德·法里龚。他未携带任何礼品，然而说道："愿主上多福多寿！我虽未带来新年礼物，却带来了胜过新年礼物的好消息。"阿赫玛德·法里龚问："什

---

① 波斯历法（阳历）的元月一日（即春节），一般都是每年的公历三月二十一日，恰是我国农历的春分前后。

么好消息?"答道:"昨夜为你生了一千匹睛似鸦眼的小马驹。"阿赫姆德气得下令打了他一百板子,并说:"你带来的是什么好消息,生的一千匹马驹都患夜盲症吗?"

我说过你应了解马的病因,对各种疾病都检查周到,看是否有:肌腱红肿、流涎胶黏、鼻内生疽、前后球节①肿胀脱毛、前、后"系"②红肿疼痛、膝部肿大、体生瘘管、皮长癞疮、肢患麻风、蹄有裂隙、前、后管红肿、腹部鼓胀、衰老力弱、肌瘤毒癌、四蹄过干、咽患白喉、吁吁气喘、切齿磨牙、眼神呆直、鼓膜穿孔、遍体疥癣等症状。我只简略地提出这些,若细说会十分冗长。所有这些都是马的缺陷,而老迈力衰可视为缺陷之冠。因为任何疾病都可能医治,唯独老朽决无痊愈可能。

虽然可买大马或壮马,但若有识,不如买幼马。

还应知道:马的胸骨一般以右侧为多。若左侧也同右侧一样多,则价值更大,应当买下,任何马都不能赛过它。

你应多买诸如:牲畜、地产、房产一类的东西。当你活着的时候,可供你享用;辞世之后,还可传给你的妻妾子女。因为你迟早要结婚,生儿育女。正如拉比比③所说:"男人终归要同女人结伴为侣。"

---

① "球节"相当于"腕"的地方。
② "系"指马蹄相连处。
③ 拉比比是十一世纪时著名的霍腊散诗人。

第二十六章　论娶妻

娶妻以后，孩子啊！就应保持自己的尊严。为了妻子儿女不要吝惜自己的钱财。但是一定要训导妻子温顺，孩子听话。我曾写过这样一联诗：

> "教育子女，娶妻纳妾，
>
> 　都应牢记智者的训诫。"

择妻时，既不要追求她的富有，又不要迷恋于她的外貌——把漂亮作为唯一条件。妻子不仅应当具有美丽的姿容，虔诚的信仰，还应当善理家务、和蔼温顺、贞洁自重、淳厚含羞、节俭辛勤、少言寡语、沉静自持——这才够得上完美。人们常说："好的妻子能使生活过得恬适。"

即使你的妻子容貌娇美，待人和善，你感到十分满意，你也不应有一刻被她左右，由她摆布。当有人问亚历山大："您为什么不把达拉①的女儿娶为妻呢？难道她还不够好吗？"回答说："在我们

---

① 达拉即指波斯亥哈满士王朝的大流士三世（公元前336—前330），他是大流士二世的孙子，阿尔萨朗国王的儿子。后被亚历山大征服。

战胜了世界上的男人之后，最后却受到一个女人的约束，这是很丢人的。"

不要让女人觉得她比你更高贵。当看到一位小姐时，不要迫不及待同她结婚。应当首先使她心中只有你，而不再思恋着别的什么人。应破除她把一切男人都看作一样的思想，直到她不再想追求除你以外的男人。

不要娶那些浮华奢侈、夸夸其谈、不谙家务的女人为妻。常言道："男人慷慨若如流水，女人节俭应如坝堤。"但是不要把你所有的钱财全都交她掌管，使她能控制你。如果那样的话你和她的地位就颠倒了，你成了妻子，她倒成了丈夫。

妻子应是良家女子，并在婚前一直保持着处女的贞洁。

娶妻应视为家庭生活的需要，而不单是为了满足生理的要求。如果只想满足自己的性欲，完全可以去买一个奴婢。既花钱不多，也免除了这样多的烦恼。

妻子应该端庄美丽，聪明灵慧。既是贤妻良母，又能敬老携幼。如果向这样的女子求婚，并娶为妻子，姻缘定是美满的。

不要向人们炫耀自己的妻子，引得人们嫉羡。因为这样往往适得其反，炫耀时也教给了妻子不忠贞的恶德。须知：女人们的娇言媚态，常常使男人们神魂失措。而她们特别爱把自身投向风流男子的怀抱。因此应让妻子严谨处世，而避免轻浮妖冶。假如不使妻子以妖媚风流而得意，不能因此造成她对你的三心二意，你便能如愿以偿地得到至尊的主的惠赐，使她成为尊敬公婆、爱抚子女、对你温顺的贤妻。而这时你对她也应该温存体贴。而她若在人们面前不断增添风情韵致，最终会同你离心离德。这将比一千个敌人还危险。因为外敌能御，对她却防不胜防。

你在恋爱阶段就应注意此事。当姑娘对你表露情意以后，不要每晚必会，而是有时相约，使她认为人们都是如此。而当她对你谅解之时，也就考验了她对你的忠贞。假若每晚幽会成为习惯，她便会按此要求你。当她得不到满足时，就难免不另外寻欢了。

不应让任何青年男仆包括黑人和傻子在内，自由出入内宅闺阁。只有丑陋黑奴、苍老仆人、容貌不端者例外。

你应保持男性的情欲。没有这种情欲的人，就不能称其为男子汉，便不会得到主的恩惠。同妻子如此相处者，至仁至慈的主就可能赐子予你。而你也就应考虑如何来教育子女了。

第二十七章　论教育子女

假若你幸得贵子，首先要做的是为他起一个好的名字。为孩子起个好名，是做父亲的责任之一。其次，要为他找一个聪明、善良的奶母。到了割礼的年龄，应实行割礼，并根据自己的能力，进行庆祝。还要教给他《古兰经》，让他熟背。

当他长大成人后，如果你是百姓，就要教他一门技术。如果你是军人，就要训练他骑马打仗，并学会使用各种武器。在练武之余，还应教给孩子游泳。

我早在十岁的时候，就从学于御前卫官，他是一个驯马骑射的好手。我的父亲（愿他安息）让我向他学习御马、射箭、使枪、弄叉，以及打擂石等一切有关骑马作战的武艺。卫官为了让我的父亲看到他的训练成果，便前去拜谒，说道："殿下呀！我们所教授的一切，王子都已掌握。殿下如欲观看，可下令：让他明天在猎场上为殿下表演。"阿米尔说道："很好。"第二天我去了。凡是我会的，都向父王作了表演。父王向御前卫官赐了荣誉战袍。然后说："我这孩子学得不错，但是还没有把最重要的武艺学到。"卫官们问："最重要的武艺是指什么呢？"阿米尔回答说："他所学的这一切都是一般概念的武艺和战术知识。假如他不会那种武艺，在某些时候，敌人就可能使他毙命。而若他掌握了那种武艺，任何人便都无可奈何他了。可是你们并没有教给他。"他们说:"您指的到底是什么呢?"阿米尔说:"游泳。只有学会游泳才能稳住脚跟,进退自如。"于是把我交给两个从阿伯斯空①找来的熟练的水手,让我跟他们学习游泳。虽然我对此兴趣极低,但还是把它学会了。

凑巧有一年我经过沙姆②去麦加朝觐,当我们走近穆赛勒城③时,与一伙盗贼不期而遇。众多的阿拉伯人向商队进攻。我们实在寡不敌众,结果我竟被赤裸裸地带进穆赛勒城里,想不出任何逃脱的办法。后来我被装进船舱,沿着底格里斯河来到巴格达。到那里后,情况才有了好转。感谢至伟的主,他终于使我到达了麦加。我的意思是指:快到阿伯卡列④时,形势险恶,河流湍急,只有由富于经验的老练水手掌舵才能渡过。若不谙熟航道,乱冲乱撞,必定全船覆没。我们一行数十人,乘船来到这个险滩。舵手毫无经验,手足无措,不知如何通过航道,以致使船遇难,撞礁沉没。我们这船上一共二十五个人,只有我和一个巴斯里人,他是我的随从,名字叫做"机灵的吉卡乌斯",因会游泳而得救。其他所有人都被溺毙。

打这以后,我更增加了对先父的崇敬。于是我以先父的名义广为施舍,并为他经常向主祈祷。因为这位老人早就预见到了这样一天——而我却一无所知,所以教会了我游泳。

一定要把一切应学的知识和技能全部教给孩子,这才体现做

---

① 阿伯斯空是当时里海的一个港口。

② 沙姆,即今地中海东部沿海一带地区。

③ 穆赛勒城,现在伊拉克,位于底格里斯岸边。

④ 可能是指阿克巴拉,位于底格里斯河东岸,巴格达以北的一个小镇。

父亲的责任和慈爱。因为谁也不能预料世界上将来会发生什么事件，对人们未来的命运也不能未卜先知。不论什么技艺和才学总有一天会用得上。学习知识和技术决不会有错。

不管让他去学习何种学业，假如老师因他成绩不佳而处罚他，不要对他表示同情。应任凭老师去打他而不要去管。为使孩子学得科学知识、礼仪文明，往往要依靠棍棒，而不能单凭他自己的兴趣。

假若孩子由于没有礼貌而惹你生气，你应抑制住火气，不要动手打他。可把此事告诉他的老师，让老师去教训他。这样可以避免孩子同你的隔阂。但是你对他应当总是非常严肃，不要让他小看你，而使他对你畏惧。不要约束他对于金钱和理想的追求，以便不使他寄希望于你死后留给他的遗产。要使他学会有教养的、文明的生活方式。即使他的境况不佳，也不要去管他，只需尽到做父亲的责任，对他不要忽视文明教育。

即使他天资愚钝，你也不要放弃对他的教育。因为你若置之不问，将来社会也会来过问的。正像人们常说的："对于子女的教育，父母不管，社会便管。"①类似的话，我的先父沙姆斯·玛阿里（祈真主降恩于他）也说过："假如父母未尽教育子女之责，时代便将过问。"②但是你应尽到做父亲的责任，使他将来不愁生活来源。

凡人都是从无到有产生出来的。他们的天资禀赋都相差无几。并看不出谁特别的无能和迟钝。然而当他逐渐长大，体力和

---

① 此句原文为阿拉伯文。

② 此句原文为阿拉伯文。

智力都逐渐增强,有的人变好,有的人变坏。随着年龄的成熟,各自养成了固定的生活习惯,这时差距拉开。有的人走向幸福,有的人开始悲苦。

你应把自己的知识和技能传授给孩子。将此看做留给他的最重要的遗产。如果是贵族,做父亲的,就要让孩子学文化、礼仪和艺术,这比留下财产还要重要。如果是一般百姓,作为父亲也应当把教给孩子手艺看作第一重要,而不是为他们去挣遗产。当然这种手艺应有别于富贵人家,孩子所学的技艺,应是另外一种手艺、一种技艺。说实在的,在我看来,手艺是最重要的技艺。假若贵族的孩子学会了一百种手艺,即使不从事这些工作,也终有一天会用得着的。

故　　事

据说郭士塔斯伯国王①被推翻后,有这样一段故事:

他后来沦落到罗马帝国,来到卡斯坦坦尼耶城。此时他已没有分文,却又耻于为一片面包而折腰。幸好在他幼时经常到他父亲的领地去看打铁,观看铁匠们如何制作刀、剑、马镫、马嚼等。虽然当时他正交福运,学习这种手艺并无必要,但是他仍每天围着铁匠们转,边看边学。后来当他流亡到罗马后,无计可施,便来到铁匠铺,自我介绍说:"我会打铁。"于是他得到雇用。在流亡期

---

① 据菲尔杜西的《列王记》载,郭士塔斯伯是基扬尼王朝的国王。他是著名勇士阿斯凡迪亚尔的父亲。琐罗达士特教(即袄教或拜火教)便是在他统治时期产生的。

间，他就靠着这种手艺维持了生活，而没有寄人篱下。

在他回国后，就像你所听说的那样，命令所有贵胄无一例外地都要学习手艺。而在这之前，长时间里，人们都把这视为有失身份、没有出息的事情。

由于不论掌握何种知识，将来都可能用得着，因此在这之后，波斯规定了一个制度——任何贵族后裔都必须掌握一门手艺，要养成习惯，而不考虑当时是否用得上。你应尽可能的多学习，将来终会有益。

当孩子成熟以后，假如看他发育得很健全，该成家了，娶妻势在必行，就当为他的婚姻操心。帮他选择配偶——这也是你义不容辞的责任。但是当你为子选妻，为女择婿时，不要同自己的亲戚们结为亲家，而要向另外家族的人求婚。近亲结婚，血统相同，没有好处。而若同另外的家族的人结亲，就会使你一个家族变成两个家族，化陌生为亲友，力量便会加倍，你就会得到两方面的帮助。

但当你确信你的信仰穆斯林的女儿所要嫁给的男子，不会给她带来体贴和幸福时，就不要把她往火坑里推。这会使男女双方都痛苦。可以待她长大后，根据她的意愿，或在你生前，或在你死后，尽可能妥善地将她嫁出。

对于你的女儿，你应将她放到深闺绣阁交保姆好好抚养。在她懂事以后，便应让老师教给她如何祈祷、斋戒、遵守教义、符合礼仪，同时应教她读书写字。当她长大成人以后，要尽早地把她嫁出。最好不要生女儿，然而生出后，一旦成人，就应为她择婿。否则继续留养在家，还不如把她送往坟墓。但是在抚育她的期间,就应对她慈爱,因为女儿就像父母的家奴。儿子则不同,当父亲去世后,他必须出外谋生,而且他也可以做到这一点。女孩都是可怜的,你须为她的衣食、工作操心。但是这个负担如果加到别人的头上去,你便摆脱了这个烦恼。假若你的女儿还未出阁,那就快为她择婿吧! 以使她的心能悬念丈夫,丈夫的心也能为她系住。

故　　事

据说当俘虏了雅兹德·郭尔德国王①的女儿后,将她从波斯带到了阿拉伯。哈里发·欧麦尔·哈塔伯②(祈真主喜悦他)传下命令:将她卖掉。正欲将她卖掉时,尊敬的阿里③(祈真主喜悦他)来了,说道:"这是违背穆圣(祈真主赐福于他)教诲的:买卖王族后裔僭越了法度。"④此话即出,卖掉公主一事也就作罢。于是把她带到索里曼·法尔斯⑤的家里,之后再择婿出嫁。

很多人都来给她说媒,但是她却说:"我见不到人,便别想把我娶走。请让我坐在楼台的窗前,让阿拉伯的雅儒阔少从我面前经过。我选中谁,便由谁做我的丈夫。于是她被安置在楼台的一

---

①　即指雅兹德·郭尔德三世,为波斯萨桑尼王朝的末代国王。于634—642年在位。当阿拉伯军队打进波斯时,他弃位逃走。651年在马鲁附近被杀。

②　欧麦尔·哈塔伯(584—644),伊斯兰教历史上的第二任哈里发。生于麦加,出身贵族商人。在位期间(634—644)占领了伊拉克、巴勒斯坦、波斯大部、埃及和沙姆等地。

③　见本书第22页注②。

④　此句原文为阿拉伯文。

⑤　索里曼·法尔斯是穆罕默德的好友。他是伊朗人,生于伊斯法罕附近的一个小镇。约在657—658年去世。

扇窗户前面,索里曼陪坐在她的身旁,给她介绍那些愿意娶她的
贵胄。告诉她这是谁那是谁。对每人都评论一番。

当尊敬的欧麦尔(祈真主喜悦他)路过时,公主问:"这是谁?"
索里曼回答说:"这是尊敬的欧麦尔·哈塔伯(祈真主喜悦他)。"
公主说:"他很富贵,也很伟大。但是太老了。"

当尊敬的阿里(祈真主保佑他)经过时,她问:"这是谁?"索里
曼答道:"他是先知的侄子,祈真主护卫的阿里·本·阿比·塔列
伯。"公主说道:"他是一个伟人,我很崇敬他。但是当到了那个世
界时,在受主宠爱的法蒂玛·扎赫拉①面前,我会感到羞愧,算
了吧!"

当受到真主慈爱的尊贵的哈桑·本·阿里②路过时,公主又
问,得到回答后,便说:"我很喜爱他,但是他的妻妾成群,只好
作罢。"

当得到真主喜悦的尊敬的侯桑③经过时,公主了解了他的情
况后便说:"他可做我的丈夫。贞女应与童男结为夫妻。我从未
嫁,他也不曾娶过妻子。"

所招选的女婿应当有堂堂的仪表,不要将女儿嫁给丑陋狞恶
的人。女儿是不会把心交给这种难看粗蠢的男人的。将来难免
不影响你和她丈夫的名声。

女婿不仅要气宇轩昂,还应当信仰虔诚,作风正派,有可观的
收入。并且要了解保证你女儿的食用开支来源于何处,通过何种

---

① 法蒂玛·扎赫拉是穆罕默德的女儿,阿里·本·阿比·塔列伯的妻子。
② 哈桑·本·阿里是哈里发阿里的长子,什叶派的第二任伊玛目。死于670年。
③ 即侯森·本·阿里,为哈里发阿里的次子,什叶派的第三任伊玛目。于682年
在克尔巴拉被刺。

方式得到的。但是你所找的女婿,不论从收入来看,还是从地位来看,都应当比你低些。这样才会对你尊敬而不是相反,也才能使你的女儿生活过得舒适,尊严受到敬重。我的意思不是让你向他索要过多的彩礼,把女儿卖掉。而他只要知书明理,也定不会小气猥琐的。

你应尽其所有准备嫁妆,再将女儿这包袱压在他的头上,而了却自己的这桩心事。对你的朋友们,你也应善言相劝,使他们也能照此行事。

第二十八章　论交朋结友

孩子啊！你可知道：人们只要活着，就难免不交朋友。一个人可以没有兄弟，却不可以没有朋友。有人问智者："朋友和兄弟，哪一个更重要些？"回答说："兄弟和朋友同等重要。"

诗　　歌①

对待朋友，亲如兄弟，

对待敌人，势不两立。

但是交朋友需要互相帮助、同心同德。这是由于谁若不为朋友着想，朋友便不会为他着想，谁也就不会有挚友。无怪人们常说："远亲比不上挚友。"

应当利用一切机会结交朋友。因为人们可以用多交朋友的方法来弥补缺陷，发挥特长。但是不要因为交了新友而忘掉老友。应当既同新朋友建立联系，又同老朋友加强友谊，使朋友越

① 这一联诗根据赛义德·纳菲斯所勘正的《卡布斯教诲录》第100页补译出。

来越多。正如人们所说的：“好朋友是一笔巨大的财富。”你应把故友和愿与你结为至交者都时时挂在心头。同他们亲厚相待，甘苦与共。使人们都把你视为良朋益友。

有人问亚历山大：“为什么您能在这么短的时间内，征服了这么多的国家呢？”答道：“我以宽厚争取敌人，以劝慰团聚朋友。我向来把朋友的朋友也放在朋友之列，但却警惕认敌为友的朋友。他们同敌人的友谊，可能超越了同你的友谊。”

诗　　歌[①]

> 假若朋友已和敌人合污同流，
> 兄弟啊！就不要再视他为挚友。

然而不要害怕敌人的张牙舞爪。不要与那些把你的密友认作仇敌的人深交。也不要追求那些无缘无故抱怨你的人的友谊。

世上没有十全十美的完人。但你应学有专长。有本领的人缺陷最少。不要与不学无术的人结为朋友，你从他们那里得不到有益的帮助。即使遣兴消闲，也应找能与你同舟共济的挚友。而不要理睬那些只为贪得钱财，不愿共度患难的人。

不论是好人还是坏人，都要同他们友好。不同的是：同好人要以心相交，同坏人只是以口相交。这样你就能保持住同这两部

---

①　这一联诗根据赛义德·纳菲斯所勘正的《卡布斯教诲录》第100页补译出。

分人的友谊。

并非任何情况都有求于好人,有时也有求于坏人,但这要以不损伤好人为条件。否则你就会因同坏人打交道而破坏了同好人的友谊。要能在同坏人交往中提高威望,又能发展同好人的友谊。这样,两种友谊都能为你带来裨益。

但是千万不要同蠢人交友。昏庸颟顸的朋友比奸诈狡黠的敌人还不如。愚友因愚昧无知而干的坏事,其损失超过一百个凶恶的敌人的破坏。

应同学识渊博、品行高尚、时运亨通的人多多交往。以使你能因此也受到熏陶,也具备像他们那样的道德和学问。

但是若同坏人鬼混一起,就不如洁身自保为好。我曾写过这样的诗句:

诗　　歌

啊!我决不同荒原上的野兽交谊,
它既不忧念我,也不忧念自己。

我也决不同坏人不分你我,
独身自洁远胜过陷入浊泥。

假若你做了有损于亲朋好友之事,理应受到责骂。人们说:"有两种人应当遭到谴责:一种是损毁了朋友的利益;一种是不理解友善的行为。"

你可知道一个人是否值得交结,人们都看两件事:其一便是当朋友贫困拮据时,他能慷慨解囊相助,而且他的接济不受时间的局限。假若朋友谢世归西,他便担负起其子女及亲友的生活,对他们施恩行善。每当他拜谒朋友的坟茔时,便不禁唏嘘长叹,不敢相信这就是朋友的墓地。

故　　事

据说人们抓住了苏格拉底,强迫他信奉偶像,否则就治以死罪。他说道:"祈主保佑! 我只颂扬创造世界的造物主。"于是人们立即带走他,准备执行。随同他的有几个学生,按照惯例,都泣啼不止,并问他:"智者啊! 难道你真想死了吗? 那么就请告诉我们,将来把你埋葬在什么地方吧!"苏格拉底笑了笑说:"假若你们还真能找到我的话,随便掩埋在哪里都行。或者说:那时你们找到的并不是我,不过是我的躯壳罢了。"

其二,对待朋友要热情适度。虽然我有许多朋友,却并不期待从他们那里得到什么。我总把自己看做一个特殊的朋友,从这个角度处理同其他朋友的关系。我虽信赖他人,但决不超过信赖自己。因此,哪怕你有一千个朋友,最可信赖的还应是你自己。

考验一个人是不是真正的朋友,不仅在你富有时,还应在你贫穷时。即:不论你是富贵还是贫贱,都同你分享甘苦的人,才是挚友。

不把你的仇敌看作敌人的朋友,不是真正的朋友,只可称为相识者,不可视为知己。

当心情郁结时,可在朋友面前吐露心声。凡是把你看作朋友的人,应是你的朋友。对待朋友,应以友谊为重。哪怕当他与你为敌,损害你的利益时,你也不要因以前给过他好处而后悔。

假若你一贫如洗,不要希图高攀权贵。因为没有人看得起穷汉,富人尤其如此。要选择境况同你类似的人交朋友。

但假若你很阔绰,却不妨主动交些穷朋友。

你应珍惜他人的情谊,以使你同他们的友谊不断加强。但是也不要认为凡友谊都是纯真美好的,在任何情况下也不能抛弃。

应当同贪婪的朋友断绝来往,因为他同你的交谊,出于贪财,而不是出于真心。

永远不要结交心怀恶意的人,他们决不可能改邪归正。因为他们阴暗邪祟,本性歹恶。你的情意不会印烙在他的心上。不要信赖他的允诺。

你虽已经清楚了应当怎样交朋结友,还应去了解仇敌的内情,并对此加以思考。

第二十九章　论警惕仇敌

孩子啊！你应努力，以使敌人无可奈何你。面对仇敌不要畏惧，也不要为此凄怆。因为你不想与人为敌，人也会与你为敌。因此要警惕他一切隐蔽的或公开的活动。不要对他的恶行掉以轻心。时刻注视着他的奸巧伪诈、凶残劣迹。任何时候不为他的阴谋所欺骗，而要随时掌握他的动向。不因突然的灾祸或事件而手足无措。

在你还没有准备就绪的时候，不要同敌人的矛盾激化。

在敌人面前不要示弱，哪怕你已经力竭倒地。即使这时你也要想尽办法，挺身而立。

不要认为仅用良言善行就能感化敌人。假若敌人奉献给你蜜糖，你应把它看作鸩毒。

诗　　歌 [①]

> 假若你的亲信投靠敌人，将你背叛，
>
> 敌人就变成能加倍伤人的双刃利剑。

[①]　这一联诗根据赛义德·纳菲斯所勘正的《卡布斯教诲录》第 103 页补译出。

应对强敌保持惧心。人们常说:"应当畏惧两种人:一是强大的敌人,二是不忠的亲信。"对于较小的敌人也不要轻视,要把弱敌当做强敌来斗,不要认为他无足轻重。

故　　事

据说在霍腊散有个著名的游侠,富有而性善,名字叫做牟赫拉伯。一天,他在路上信步徜徉,不小心踩着一块甜瓜皮,脚下一滑摔倒了。他立即掏出刀子,把那块瓜皮切得粉碎。仆人问他:"少爷啊! 像你这样有钱的堂堂侠士,拿瓜皮逞能,不觉得羞惭吗?"牟赫拉伯回答说:"摔倒我的是甜瓜皮,我不拿它开刀,拿谁开刀? 不论谁把我摔倒,我都把它视为仇敌,以刀还击。不要轻视敌人,哪怕他十分弱小。藐视敌人者,会轻易地被敌人击败。"

应当在敌人的阴谋得逞之前,就把敌人击败。

同你对抗的不论是哪个敌人,当你战胜他之后,不要嘲讽他,把他描绘得不堪一击。因为如果敌人真的软弱无力,任人唾骂,战胜他就算不得光荣。而应当说:是真主给了你力量,没有真主的佑助,你将丧失力量,被人责骂,最后败于敌人麾下。

难道你没有看到当国王得胜回朝以后,即使敌人不堪一击,写颂辞、唱赞歌的文人骚客们,也总是先描述一番敌人如何凶猛,如何兵强马壮,把他的骑士和步兵比喻为雄狮和毒龙,竭力渲染敌军的凛凛威风,中军和两翼的阵容严整,敌人将领狡诈奸猾,之后才谈到:这样的军队虽然不可一世,但当与某个统帅的常胜之军一交锋,便立即土崩瓦解、败退如潮了:正是以这样的手法来烘托受到自己所颂赞的人的伟大，来表现自己的军队的威力。因为如果把败军败将骂得一钱不值，那么得胜之王还有什么可炫耀的呢？假若打败的是望风披靡的一群草包，是不值得书写颂文、吟诵赞诗的。

故　　事

人们都把列依王国的王后，尊称为"斯苔"。她是个十分善良、纯洁、贤慧的公主，是我母亲的叔父之女，法赫尔·杜列国王[①]的正宫。当法赫尔·杜列驾崩以后，其子继位，号为玛智德·杜列[②]。但由于年纪尚幼，只好由母后代政。这样过了三十几年。后来玛智德·杜列虽然长大成人，但由于忤逆不肖，不能称职，不过徒有其名。实际上他深居内宫，每日只知同后妃们淫逸荒嬉，而仍由他的母后执掌大权，周旋于列依、伊斯法罕和卡赫斯坦[③]之间。

在这种情况下，你的外祖父玛赫穆德苏丹，（祈真主护佑他）派了一个使者到列依，向斯苔转达他的话："你必须对我山呼万岁，在钱币上印铸我的肖像，对我称臣纳贡。否则，我将率军攻占列依，把你消灭。"对她进行恐吓。使者来到后，递交了信件——

---

① 法赫尔·杜列，是白益王朝（在列依、哈马丹、伊斯法罕一带）的国王，于976—997年在位。后因同弟媳的矛盾，辞去王位，在卡布斯·瓦士姆吉尔那里寄居了十八年。

② 玛智德·杜列，是白益王朝的第三代国王，于997—1023年在位。

③ 卡赫斯坦是位于霍腊散南部的一个省份。

下了一个通牒。

斯苔说道:"请转告玛赫穆德苏丹:假如我的夫婿法赫尔·杜列还活着的话,你会产生进犯列依的念头吗?现在他谢世归天,由我代行执政,我心中思忖:玛赫穆德陛下十分英明睿智,决不会用倾国之力去征讨一个寡妇的。但是假若您要来的话,至尊的真主在上,我决不会临阵逃脱,而将挺胸迎战。结果必是一胜一败,决无调和余地。假若我把您战胜,我将向世界宣告:我打败了曾制服过成百个国王的苏丹。而若您取得了胜利,却算得了什么呢?人们会说:不过击败了一个女人而已。不会有人为您写颂辞、吟赞诗的。因为打败一个女人,实在不足挂齿。"总之一句话,在她活在世上期间,玛赫穆德苏丹一直未敢兴师动武。

我已经谈过不要侮慢敌人。但是,在任何情况下又都不要信赖敌人。尤其要警惕内部敌人。因为他们了解外部敌人不可能侦察到的秘密。由于他害怕你会加罪于他,无时不对你心怀叵测,监视你的一举一动,提供外部敌人探听不到的内情。但是同任何敌人都不要真诚相见,而是只作些表面文章。假若把应酬当成真情,将宿怨视为新谊,致使旧友变成仇敌,这样的敌人对你危害甚大。

只是出于不得已才去接近敌人。而对敌人的打击则应如此惨重——使他不能再对你形成威胁。

你应努力多交朋友,使朋友的数量成倍地多于敌人。应使朋友尽量多,敌人尽量少。

但是宁肯少交朋友一千,而不多树敌人一个。因为那一千个朋友对于护卫你并不尽心尽力,而那一个敌人却不会放松对你的骚扰。

不应容忍他人的羞辱。不能自重者,便得不到他人的尊敬。

对于强敌,不要一开始就使矛盾激化;对于弱敌,不要轻视征伐的艰难。

但是假若敌人要求避难,即使是同你有旧怨的宿敌,也应当庇护他。这是显示你心胸豁达的很好的机会。人们常言:"当敌人死亡、遁逃或因惊惧而要求庇护时,不要对它凛然逞威。"

假若敌人在你的手中丧命,是值得欢庆的。而他若是病老归西,便不应幸灾乐祸。因为你也会死掉。假若你确信永远不死,当然值得庆幸。虽然智者说:"谁若比敌人哪怕晚死一秒,当自己死时也应感到欢畅。"但是正像我前面讲到的,一个人不应当幸灾乐祸。对此,我写过两联诗:

诗　歌

假若你的敌人运数合终,
不要因此而排宴欢庆。

因为你的大限也将来到,
何必为他人的身亡而庆幸?

所有的人都在做着人生的旅行。应把行善积福看做旅途中的干粮。除此之外,再不应有随身携带的东西了。

据说当"两角英雄"①（祈真主护佑他）周游完世界，好像把世界戏弄了一番以后，决定返回家园。但是刚走到达玛冈，便驾崩了。他留下遗言说："当把我安放进棺木以后，请把棺木凿两个洞，掏出我的两手，并使手指张开，以便让人们都看到：虽然我生时受到世界的崇敬，但死时却两手空空。"之后，他又说："请转告我的母亲：希望她祈祷我的灵魂安息。我忧念尚在活着的亲人，忧念尚未死去的世人。"

当你把一个人摔倒后，去捆他的手脚，如果得法，便能捆紧。如果绕得圈数太多，超过了限度，倒会脱开。所以做任何事情都应有一定的分寸。不论对待朋友或敌人，都要适可而止，这才是有理智的表现。

应当竭力避开妒忌者，以免撩拨起他们的怒火，而对你行恶。

应当对恶者报之以恶。

对贪得无厌者则不必争吵，而应置之不理。不应对其过分的要求迁就满足，不要去装永远也装不满的水罐。

对愚鲁的挑斗者则须忍让。然而对于威武的勇士，却应敢于应战。

不论做什么事，都应当和善待人。每当燃起怒火时，要竭力使之平息。不论对待朋友还是敌人都应和蔼耐心、平心静气地说话。

巧啭舌簧具有一种无形的魔力。不论你说什么，都会得到人们的好话或坏话的回答。因此，凡你不想听到的话语，也不要用这样的话去说别人。不便当面讲的话，也不要在他背后去说。

---

① "两角英雄"指亚历山大。因他的两个鬓角突出，所以人们给他起了这个绰号。

不要无缘无故地去欺负别人。

对于尚未做的工作不要说大话。不要说：我要如何如何做。而应说：我做了什么。我曾这样说过：

诗　歌

既然我从你的心中汲取了深情厚意，
便有责任把你忧愁的高山夷为平地。

今日我不愿向你吹嘘我的抱负，
明天我定把所做的一切禀告于你。

应当多做少说。不要把心中的秘密透露给他人，假若想找人谈出，应去向那些从不饶舌传话的人倾吐。

不应阳奉阴违，也不要同两面三刀的人亲近。即使是有七个头的毒龙也并不可惧，而惯于挑拨离间的人才最可怕。他在一个小时中剪开的裂缝，用一年的时间，也不能把它缝合。

不论你多么富贵和有权势，不要去同比你更强悍的人拼争。正像一个哲人所说的：

哲　理

只要牢记以下原则，便不会陷入危难。即：
不要同胜过你的强者争战。

不要同性急暴躁的人执意计较。

不要同怀有妒心的人合作共事。

不要同愚钝无知的人争论不休。

不要同口是心非的人交为挚友。

不要同谎话连篇的人做交易。

不要同酗酒成性或心胸狭隘的人同席畅饮。

不要整天同女人柔情脉脉。

不要把有损于自己的名声和廉耻的隐私告知他人。

你一定要克服在背后议论别人的缺点。

不要拼命抬高自己，以免从上面摔落下来。

不要过分地赞美某人，当需要指出他的不足时，会使你难以启口。

也不要过分地贬低某人，当需要称赞他时，会使你造成被动。

凡你没有参与之事，不怕他人的恼怒和抱怨。正像不需要你赞助的人，不怕你横眉竖目一样。

所应害怕的应是对你恶语中伤的人。

对于同你共事合作的人，不要认为他们软弱无能，而对他们傲慢轻视。甚至把另外人的过失也迁怒于他们；即使他们铸成大错，也应原谅他们才对；不要对你手下的人吹毛求疵。你若能对他们体恤，他们也会对你尽心效力。

要宽待你手下的人，他们能使你的工作顺利，也能使工作造成损失。

当你虐待他们时，就会使你由荣变衰；当你善待他们时，便会使你增加更多的财富。

　　对于仆从要分工明确,不要把一件工作同时分给俩人去做,这倒会造成无人负责,而把你的命令都当成耳旁风。正像俗话所说:"两个厨师炒不了一锅菜。"法拉希①也写过类似的诗句:"房间不能交两个主妇清扫。"阿拉伯有一句谚语说道:"水手过多倒会沉船。"②

　　假若你是下级,不要擅自作主,僭越职权,以致造成损失,铸成错误。在上级面前应当永远保持恭谦的态度。

　　对于朋友和敌人,都应宽宏大量。对于他人的错误不要惩处过严。不要对他人的话语,故意找茬挑剔。不论怎样的是非曲直,也不要同人记仇,而应豁达大度。这才能在任何时候都能立于不败之地。

---

　　①　即指法拉希·西斯坦尼,十一世纪的波斯诗人。
　　②　此句原文是阿拉伯文。

第三十章　论惩罚、乞求和满足

孩子啊！不要谁一犯了错误，就认为必须惩罚。当某人有了过错，应当在心里原谅他。就连亚当还犯有罪愆①，何况他是一个人呢。我曾这样说过：

诗　歌

假若有一天剥夺我报效的机会，
我的心中会产生一百倍的懊悔；

主上啊！
不要因为一个错误，便把奴仆黜退，
我是一个人，而连亚当还曾犯罪。

不要采取惩办主义，认为只要有错，就要惩罚。对任何事情都不要大发雷霆。即使怒火冲天，也要将它平息。当某人因犯有错误请求你原谅时，你要给予宽恕。要学会制怒，即使他的罪恶

---

① 据《旧约》载：因亚当在蛇的怂恿下，吃了智慧果，被天主逐出了天堂。

重大。假若仆民不曾犯罪,怎知真主至仁至慈;假若你只知一味惩治,怎能表现出盛德宏恩?你的宽仁大度不会有损于你的高贵和光荣。当你宽赦了某人,就不要再去责骂他,再去数说他的罪愆。否则,就等于并未给他赦宥。

你不应触犯法规。而一旦犯罪,就要请求宽宥。当你这样做了之后,不要为此而羞惭,以免再起争端。

当某人犯有罪愆须要惩罚时,首先审视他的罪过的严重程度,再据此判罪。公正的法官主张:根据罪行的轻重进行惩罚。但我认为:当某人触犯了刑律,必须惩办时,你若只根据他罪行的情况来治罪,那就忘记了仁慈宽容的原则。应当对于犯有一个达拉姆罪的人,罚以半个达拉姆。这样既履行了刑法,又施予了慈恩;既是一个政治家,又不失为慈善家。不要去做一个残酷的执政官。

故　　事

据说在牟阿维耶①时代,有一伙人犯了死罪。牟阿维耶下令将他们一律杀头。当从中揪出一人,欲执行时,那人说道:"尊敬的阿米尔啊!无论你怎样对待我们都不为过,我完全服罪。但是看在至圣至尊的主的面上,请允许我说两句话,并给予回答。"牟阿维耶说:"你说吧!"罪犯说道:"全世界都在赞颂陛下的慈恩善行。假如我们落入了另外国王之手,而他们并不像陛下这样的仁慈宽厚,将会怎样判决我们呢?"牟阿维耶回答说:"也会像我这

---

① 牟阿维耶在 661—680 年之间任哈里发。

样。"那人说道："假若陛下的做法无异于其他暴虐残酷的国王,那么我们怎样领受圣王的普慈厚恩呢?"牟阿维耶说:"假若我早些时候听到这样的话,我早就赦免了你们所有的人。现在我要向所有关押的人施以大赦。因为若像你们这样的罪人都可赦宥,便没有罪愆不应给予饶恕了。"

分　　章

当贫穷者向你乞怜求舍时,假若并不违背教义,也不甚影响你的物质生活,不要使他因得不到微薄的财物而怏怏不快。不要对他的需求置之不理。不要使那个需求者心灰意冷,认为你心地不善,而永远不来向你求赐。当那个贫困者向你求告时,也就成了你的俘虏。人们常说:"求人怜悯无异于束手就缚。"对待俘虏应以慈悲为怀。残害俘虏是不仁不义的,理当受人唾骂。千万不要在这方面犯下罪愆,以致在两个世界中失掉荣誉。

分　　章

假若你欲向某人求助,应当首先看那人是好善乐施,还是守财悭吝。他若仁慈慷慨,便可以向他启口乞怜,但还要找适当时机。当他正闷闷不乐时,不要向他提出请求。所提出的要求不应当过分,以便不会因达不到目的而沮丧气恼。当你还有食物不至挨饿的时候,不要去乞求施舍。请求怜悯,须以善语温言。只有态度谦和,言词挚恳,才能达到要求,获得慈恩。请求惠赐时要表现得温和谦恭。恭谨才会使人乐于恩赏。假若提出的要求未能如愿以偿，不应灰心而就此罢休。我曾说过：

诗　歌

啊！你应把忧心倾吐给似月的情侣，
在她面前要十分温婉亲密。

你的愿望若想得到实现，
你的心啊！应同她的心相印一起。

当你欲向某人求赐时，应把自己看成是卑奴贱仆，正像我们都说自己为至上的真主的仆民一样。我们之所以如此，是想求得真主的佑助。假若我们无所求于至尊的主，也就不会向他祷告了。当你如愿以偿之后，你应真诚地感激崇高的真主。主曾宣布说："如果你们感谢，我势必对你们恩上加恩。"[①]圣洁的主是喜爱感恩者的。只有懂得感恩戴德的人，才有可能再次得到惠赐。假若你得不到怜恤，只能怪命运如此。不应去向那些并不同情你的人抱怨，他们对你的怨怒会不以为然。

不要向吝啬的人请求施恩，他们是一毛不拔的。但是你却可趁他醺醉时提出你的乞求。即使悭吝卑下的人，在昏醉时也会慷慨舍财，虽然他到第二天将会后悔至极。

---

① 　见《古兰经》第十四章易卜拉欣，第七节。

假若向吝啬鬼求舍乞怜,是最可悲不过的了。人们常说:"有三种人最可怜:由愚人辅佐的智者;被弱者控制的强汉;向吝啬鬼乞舍的侠士。"

孩子啊!你可知道:我已对你进行了多少谆谆教诲,其中涉及到我所能及的各个方面,并尽量求其详细全面。你只要能把它认真研读,理解,定获裨益。我为了使你通晓各个方面的知识,才对你这样耐心教导,循循善诱,以便在我与世长辞时,不再把你牵挂。但是由于我自己才疏学浅,力不从心,即使把所知一二,和盘托出,亦不知效果如何。我的先父也曾像我对你这样地训诫过我。因此现在我并无责你之意,却有自责之心,以期不必再去哀求主的宽赦。不论你是否洗耳聆听,我仍要全面论述,不吝说辞,公开亮出自己的看法。

第三十一章　论遵守教义、教规和执法

孩子啊！你要理解:我所谈的"职业"的含义。它不是指经营小店铺一类的事,而是泛指人们所应做和应掌握的各种工作。凡事你认为有益,就要坚持做好,以得到收获。就我所知,学得任何本领都不是轻而易举的,都须付出一定的代价。职业十分繁多,逐项阐述,实不可能,且会相当冗烦。我的书只想从本质方面和原则方面加以论述。

若从它们的性质上看,可以分成三类:与各种职业都相关联的知识;需要某种知识的职业;以及职业本身的技能。与各种职业都相关联的知识,包括医学、天文学、工程学、测绘学、诗律,等等。需要某种知识的职业,包括乐师、兽医、工匠、修建坎儿井[①],等等。这些职业都有专门技能。你若对其技能一无所知,即使你知识渊博,在这方面也会束手无策。职业本身的技能,其所指十分清楚,毋庸赘言。但是,我仍想向你说明,将来不外乎出现两种情况:或许将来某一天,也许在突然事变中,要求你亲自掌握某种技能,去了解其秘诀所在;或许将来并不需要你亲自掌握,特别是

---

① "坎儿井"是一种灌溉工程。即从山坡上直到田地里挖成一连串串的井,再把井底挖通,连成暗沟,把山上融化的雪水和地下水引来浇灌田地。

做了长辈之后。那时即使想去学习，也力不从心了。

孩子啊！你可知道：假若你丝毫不了解彼世的学问，你就不能充分运用今世的知识。即使今世的知识你学得了一二，也必有虚假混于其中。作为学者，若不守教规，信心不诚，不谙教义，宣教不力，或者说，若不懂宗教学，就不能从今世获得利益。凡是不努力精通天文、历法、生辰八字、占卜预测的人，世界对于他也就晦暝黯淡。不能正确地分辨内科医药、外科手术和灵符鬼咒、假药蒙骗之间的真伪，便达不到治病救人的目的。但是最神圣的学问还是宗教学，它的原理深刻严谨，对违逆者给予审判，对世俗利益视为虚假。

孩子啊！你应虔信宗教学，同时掌握宗教和世俗的学问。但是假若你不能把这两种学问兼于一身，那么应首先使信念坚诚。而对于非根本原则的枝节问题，即使随声附和，亦不为过。

分　章

不论将来你从事什么职业，都应按我的训诫去努力钻研学问。应当纯正朴实、埋头学问、不求享受、稳重沉着、精神乐观、晚睡早起、贪婪书籍、谦虚好学、踏实工作、背诵经书、复述圣训、赞美先贤、探索奥秘、求师若渴、敬慕师长、不耻下问、感恩戴德。学习前，你要备好书籍、纸本、竹笔、墨汁、笔盒、笔刀等等。你应当心无杂念、专心致志。不论老师讲什么都能牢记、掌握。你要少说而多思。不要满足于照抄照背，而应探求知识的精髓，尽快使自己出类拔萃。

分　章

　　假如你是一个教律解释者，要能信仰坚诚，熟背诗书，知识渊博，在诵经、祈祷、礼拜中一丝不苟，不生杂念、虔诚笃信、衣服洁净，对所要回答的问题，要准备充足。未经思考不草率作答。不要满足于盲目追随先师，也不要人云亦云。应使自己的见解趋于完美，而不要模棱两可、似是而非。除圣贤外不要轻信他人。不要把任何书籍或小册子奉为指南。

　　假若听到传言，不要信以为真。不要轻信那些未被证实的传闻。不要听信个别人透露给你的消息，除非他十分诚实可靠。对于广为流传的消息却不必回避，但要判别真伪，不要迫不及待地随意传播。

　　假若与人争论，应注意观察论敌。他若言辞滔滔、废话连篇，就应插入问话，或者干脆打断，以一句民谚结束这场争辩。

　　不要以一个证据同时说出正题和反题，自相矛盾。要记清自己前面的论点，后面的话不要与之相抵。

　　假若进行对教义理解的争辩，要把经书看得重于圣训，圣训重于推论，来论证自己见解的可行。

　　在原则的争论中，不要使自己的肯定与否定、可能性与不可能性相互抵触，而要观点鲜明。谈论要雄辩有力，既不要虎头蛇尾，也不要空洞无物、冗长拖沓。

　　假若你是布道者，必须熟背经书，能大量引经据典。千万不要站在宣讲台上同人论争、驳辩。除非你确知你的对手十分虚弱时才可以这样做。

当你站在宣讲台上时，任何情况下都要处于主动。要成为问询者，而不被人质询。你的言辞应雄放生动。须知：与会者都是些无知愚氓，你凡想宣传什么，不必有所顾忌。但是你须身洁衣净，能振奋起与会信徒们的感情，做到一呼百应，气氛热烈。如：当人们偷潸泣涕时，你也应不时地抛洒泪滴。

当你开讲之后，不要有任何的惧意，要大声地赞颂真主和先知，以激扬的语调念诵"万物非主，唯有真主"。站在讲坛时，不要情绪低沉、额头紧蹙、祈语冰冷，否则，你会把整个会场的气氛影响得十分冷清。正如人们所说："悒郁者会把一切都变得悒郁。"①你的讲述应当有声有色。在气氛热烈时，不要很快把它冷落下来。对于听众要细心观察，当他们欲刨根问底时，你则要引经据典。看他们兴趣不浓时，你应讲述故事。你要能及时了解他们的所想所思。

当你站到听众面前时，不要胆怯。只要以最精辟的语言宣教，人们自然恭听。布道者要谨慎从事，随时应付人们的提问。当你不便于回答时，不必硬着头皮回答。人们对你所提出的问题，凡你所知道的，便给予答复。不知道的便说："对这样的问题不宜在宣讲台上回答。请来我家吧！在家里同你细谈。"实际上谁也不会为这问题而专程拜访你的。

假若有人有意挑衅，给你写了许多纸条。你可读它几个，然后说："只有迷误者和异教徒才这样发问。这显然出自异教徒之手。"于是人们将异口同声地骂："该死的迷误者和异教徒！"此后，

---

①　此句原文为阿拉伯文。

谁也不敢再向你提问了。

在会上你讲了哪些话应当记清。前面已经讲过的后面不要再重复。在你宣讲时要始终情绪饱满。

在城里你不要久留。否则游方僧和卜算师将会登门化缘，死皮赖脸地同你纠缠。

你要维护布道者的尊严。经常沐浴净身、保持衣服整洁，使外表端庄、内心虔诚。你要永远恪守教律，如当祈祷和斋戒时，要祈语真诚、行善积德。

不要在市场上闲逛，在人群中挤来挤去，以保持人们对你的尊敬。

不要同恶人打得火热。举止要文明谦谨，这点我在另外的地方曾提过。不要孤标傲世，说谎骗人，行贿受贿。为人应当正直诚恳，做一个公正的学者。

应当热爱知识。对你所了解的事物，要能用最美的语言描绘。以免因自己的宣讲枯燥无味而感到羞愧。

应以对主敬畏的心情谈话、宣讲，要使人们充满希望。既不能使人们对至尊的、大慈大悲的主感到失望，也不要无所约束地许诺人们会升天堂。

应当多谈那些你所精通，能施展才华的内容。不要去进行理由不足的争辩，因为其结果会使你懊丧羞赧。

分　　章

当你的法学职称晋升一级，成为正式法官时，就应像其他执法人那样稳重而沉着，机警而敏锐。并且头脑清醒、富于远见、体察民情、掌握政策。还要谙熟教义、了解各个教派、教团、宗族的结构、规章和态度。

要能做出正确的审判决定。假若受害者提出诉讼时，不要无根据地将他驳回，以致逼得他有冤难鸣。应当为他伸张正义，要能充分发挥智谋，做出公正的审判。

故　　事

在塔布列斯坦①有个大法官名叫阿布·阿巴斯·鲁扬尼。②他心地纯正、识广学深、清廉克己、远见卓识、办事精明。一天，他正端坐堂上，一个人前来递状告发某人诓骗他一百迪纳尔金币。法官提审被告，被告矢口否认。法官于是反问原告："你有证据吗？"答道："没有。"法官说："那么就让他起誓吧！"原告便哭了起来，啜泣着说："仁慈的法官啊！你让他发誓，他会谎话连篇而无所顾忌。"法官说："我不能背离教律：或者你拿出证据，或者听他的誓言，别无他法。"那人在法官面前贴膝跪下，声嘶力竭地说："想想办法吧，法官啊！我找不到证据，就让他起誓吧！我白白地受了损失，我是受害者。你可要为我想想啊！"

从这个人悲怆的哭声，法官明白了理在他这一面。便说道："先生啊！你是怎样把钱借给他的？请原原本本地讲出来，让我听听看到底是怎么回事？"这个被坑骗的人说道："祈愿法官长寿

---

①　塔布列斯坦，古代地名。在今马赞德兰省境内。

②　阿布·阿巴斯·鲁扬尼，是鲁扬族人。在沙姆斯·玛阿里·卡布斯（976—1012）统治时期任大法官。后来他的子孙世袭这个职衔，直到十三世纪初。

多福！我和此人是多年好友。不知怎么他爱上了一个婢女，价值达一百五十个迪纳尔金币。而他手头的钱不够，不知如何是好，昼夜神魂颠倒、哭泣不止。一天，我去探望他，带他到郊外散心，在一个僻静处坐了下来。他同我谈到这个婢奴。只见他满面泪光，十分痛苦，便引起了我的同情。他是我二十年的老友啊！于是我便说：'某人啊！你的钱不够，我的钱也不多，看来任何人在这方面也帮助不了你。但是多年来我积蓄了一百迪纳尔，这是我的全部财产。我把这一百迪纳尔借给你，其余的部分你自己填补上，就把这个婢奴买下来吧！你可以和她同居一个月①，一个月后再把她卖掉，把钱还给我。'这个人立即扑膝跪倒，对我发誓说：'只一个月，一个月后哪怕亏本我也把她卖掉，将钱还给你。'于是我慷慨解囊，把钱给了他。我在等待着，而他——至尊至伟的主啊！——已经四个月过去了，既不还我钱，也不卖掉那个婢奴。"

法官问道："你在什么地方把钱交给他的？"答道："在一棵大树下。"法官说："既是在大树下，你怎么说没有证据呢？"于是对被告说："你坐在我这里别动。"转身对原告说："不要烦恼了，到那棵大树下面伏跪祈祷，为穆圣（愿他和他的家族有福和安息）祝福。然后对那株树说：'法官在召唤你，来吧！来做我的证人。'"被告人暗自窃笑，法官虽已窥见，却未露声色。原告说道："法官啊！我担心那株树不会听从我的指挥而前来。"法官说："你把我的这块印带去，对大树就说：'这块印是法官的，他求你去一趟，请你亲自为这问题作个证！'"于是那人拿走了大印。而另外一个人就坐在法官跟前。法官开始审理其他案件，并不瞧他一眼。只有一次偷空问他：

---

①　这一句根据赛义德·纳菲斯所勘正的《卡布斯教诲录》第116页补译出。

"某人到那里了吗?"这人回答道:"还没有呢。"法官又继续自己的工作。

那个原告拿着官印给大树看,并说:"法官在召唤你。"他在那里坐了许久,树也不给个回音。他十分伤心,只好回来,对法官说:"法官啊! 我去了,也出示了大印,它却不来。"

法官说:"你若认为树能自己走来作证就不对了。"转身对被告说:"把这个人的钱交出来吧! 否则,你卖掉婢奴,用这金钱还他。"那人说道:"法官啊! 我一直坐在这里,并没见到什么树来啊!"法官说:"对的,树是没有来。但是假若你并没有在那棵树下从他那里拿走金钱,当我问你'那人到了那株大树下没有'时,为什么你不反问'哪株大树'呢? 我并不知道他到哪里去了啊!"于是那人不得不取来金钱,交还原主。

并不是所有判决都能从书中找到根据。还必须自己发挥智慧,动脑筋,想办法。

当你在家时应当和蔼谦逊。但是到了审判厅就要正襟危坐、眉尖若蹙、威严不笑、冷峻庄重、令人生畏。要少说而多听,但不要在听取证词,进行审判时郁闷不乐,面带忧色,表现得急不可耐。遇到问题时不要过于自信,一意孤行。而要同精通教律者商量,直到情况明朗后为止。并且所做判决应符合教义和教律。我说过:"应当充分运用自己的经验,使判决同教规相符。"许多案件的审理,在司教者看来困难重重,而在法官眼里却易如反掌。这是由于法官既懂法,又精通教典的缘故。作为法官,既应是经学家,又是法官;既谙熟法规,又虔诚敬主。

但是在几种情况下不要开庭审判:当又饥又渴时;或刚从浴

室走出时;或心情忧烦苦闷时;或欲行房事时。

对于能言善辩的辩护律师,不要让他在审讯时不着边际地大谈自己所了解的细节、见闻以及个人经历,等等。辩护内容不要过分琐碎冗繁。否则,还不如不进行辩护。应当要求他言简意赅,尽快地拿出证据,立下誓辞。

当碰到身为富豪,但却厚颜无耻的人时,应当充分运用自己的经验,并耐心地了解,避免犯任何过错。不要把问题看得过于简单容易。

当好的谋士不在身边时,不要轻易决断。而一旦判决,就要有绝对的效力。

不在十分必要的时候,不要亲自起草书信和命令。以使自己的所写字字如珠玑,所说句句是真言。

最好的法官应当既能判决果断,又能笃信真主。假若不具备这样的能力,不能使这两方面结合,没有驾驭一切的军人作风,还不如去经商为好。不论经营什么都可以,只要能赚到钱,就会受到人们的羡慕和赞誉。

第三十二章　论做生意

虽然做买卖和干手艺活不同,干手艺活需要熟练的工艺技术,但实际上,商人的本领更高过工人。智者说:"做买卖的原则极简单,但运用起来却极灵活。"还说道:"不貌似愚蠢,非英雄好汉。"①或者说:"并非真的愚鲁,才会奔往危险世界。"意思是说:这种人为了多贪求一个达拉姆金币,从东方跑到西方,又从西方返回东方。不畏路遥,涉水攀山,把生命财产置于脑后而不顾。不怕劫盗与窃贼,不惧啖人的猛兽,无视路途的险峻。把东方的财宝带给西方居民,把西方的珍品向东方人民展示,将世界的繁荣视为己任,这些事非商人而不为。对于上述危险,非大智大勇者便不能战胜。

商人分为两类,其危险也有两种。商人分坐商和行商。对坐商来说,当买下大批便宜货时,也就有了亏蚀的危险。而之所以能使他有勇气去买便宜货,是由于他期待着得到更多的利润。关于行商的情况,前面我已说过。

这两种经商都需要勇气,需要担当财产和生命的风险。有勇气还要有正确的估计,可靠的保证。还要畏主守法,不因自己得

利而损害他人，不因牟取暴利而造成他人的痛苦。

合伙做交易应同比自己地位低的人；如果地位较高贵，须笃诚可靠，宽宏大量；尽量避开那些奸诈盗伪的人。

不要同那些尚未看货就欲购买的人成交，以免造成不必要的麻烦。不要把货卖给无力购买者和愚昧无知的人。

不要同挚友进行交易。假若欲做交易，就须准备把好处都让给他，否则友情就会遭到破坏。许多挚友就因分利不均或微小亏损致使关系破裂。

不要贪于多赚而去赊欠。这样的交易往往获利甚微。不要目光短浅，目光短浅者定遭亏蚀。

做买卖的原则是先占有货物，有了货物才能用它去赚钱。不要积压资金。资金的积压，对商人造成的损失更大。赚钱的货物应是能论"曼"或"拉特勒"①买进，然后再按每"达拉姆"金钱多重卖出。若与此相反，则为赔钱货。

若做粮商，不要只图赚钱。否则会名声扫地，受人咒骂。不欺骗顾客，表现了一个人的情操。对于买主，不论是异教徒，还是穆斯林，都不应欺哄诈骗。我曾说过：

诗　　歌

　　　　啊！你柔情的光辉照进我的心房，
　　　　你爱抚的枷锁套上我的颈项。

----

① "曼"和"拉特勒"都是重量单位。

我以生命和痴心买下你的爱情，

你应知道：对买主可不能欺诳。

如果什么都不想失掉，就不要去做买卖。做买卖还不能害羞。智者说道："羞愧随着时光的流逝而减弱，畏惧随着次数的增多而消失。"会做买卖的人说道："做买卖要既会占有，又会抛出。占有指储存货物，抛出才能赚钱。"

故　　事

我听说过这样一个故事：一天，一个商人到金店兑换一笔一千迪纳尔的黄金。交易已经达成了，但在计算价钱时，在卖主和买主之间为了一"基拉蒂"①的金子发生了分歧。老板说："你还差我一迪纳尔的钱。"商人说："是你少给了我一'基拉蒂'重的黄金。"他们为此而争执起来，从清晨一直吵到该做晌礼的时候。商人十分气恼，大叫道："我一步也不能让。"老板无可奈何，只好又给了他一"基拉蒂"黄金。那商人拿了黄金便走了。凡在场的人无不责骂商人。

商店伙计看到商人走后，立即追了上去，说道："先生啊！请给我一点小费。"于是商人便把那一"基拉蒂"黄金，全都给了伙计。伙计便又拿了回来。老板说："你这个无赖啊！他为了这一'基拉蒂'金子在大庭广众之下，从早晨一直吵到中午，毫无羞怯

---

① "基拉蒂"，原文希腊文，为重量单位。类似于我国的"钱"。

之意。你怎么这么贪婪,把金子又从他手里要了来?"伙计无奈,便把金子交给了老板。老板十分惘然,自言自语地说:"感谢真主啊!这个伙计长得并不好看,商人不会在他身上打什么主意。那个商人那样小气,为什么对他这样大方呢?"于是便去找商人,说道:"先生啊!有件事情让人费解。那天当着众人的面,你为一'基拉蒂'争得面红耳赤。而在你拿到金子后,却又全给了我的伙计。当初你为什么那么计较,后来又为什么那么慷慨呢?"商人说道:"先生啊!这并不奇怪。我是一个商人。做买卖是从商人的角度进行的。当我被蒙骗了一个达拉姆时,便如同蒙骗了我半个生命一样。而当需要慷慨时,若不是乐善好施,便心犹负疚。而我既不想被人诳骗,又不愿内疚于心。"

作为本钱微薄的商人,不要轻易同人搭伙。若想同人搭伙,须找财产富足、雍容大度、待人谦和者,以便在亏本时不被他算计。这个人须是不会坑蒙拐骗,不去滥用合资,不反复无常,也不会专买那些滞销货或破损的货物。这个人须不是要用这钱去干买空卖空的冒险事业。他应心中有数,即使亏损,也不会使资金损失过半。

假若有谁求你把信带到某地去,要先了解一下信件的内容再带。因为信中或许隐藏着灾祸,若一无所知,便可能飞来横祸。但是既然同意给人带信,就要负责到底。进城镇以后不要轻信令人哀痛的传闻,只要没有得到确已为收信人送葬的消息,就应为他带去福音。

没有找到旅伴时不要急于上路。而旅伴应当十分可靠。同商队一起时，应混于人群之中。货物也要停放在人群聚集处，而不宜交给镖客专门看守，因为镖客总是首先遭到强盗的袭击。

当你步行时，不要同骑马的人同路。

不要向陌生人问路，除非确认他心地良善。因为许多歹徒，总是先把人引向歧路，然后自己尾随于后，伺机掠走货物的。

在路上同人打招呼时，应当热情愉快，不要显得萎靡不振。不要擅自离开保镖，但也不要被他们的花言巧语迷惑而铸成大错。

上路前要带足够的盘缠。夏天要备好冬装，冬季则备好夏服。即使路经繁华的地带也应如此。

应当多给向导和马夫好处，使他们高兴，以便一旦发生情况时，能化险为夷。所选择的捐客必须笃实可靠。

可以同三种人交往：仗义的侠客；慷慨的富人和识途的向导。

路上要能忍饥挨饿，不畏酷暑严寒。不要贪图一时享乐而挥霍无度。以便不会在需要钱的时候，陷入困境。

凡是自己能做的事，应当尽量自己去做。对他人不可过分信赖。因为世态炎凉，难以捉摸。

但是作为商人应讲信誉，买卖公平，诚实可靠。要多动脑筋，多销商品。

要尽量不赊账。即使赊账，也不要赊给以下几种人：穷人、暴发户、阿里信徒①、小孩、学者、法官、二流子、仆从。凡把货赊给这

---

① 即指什叶派教徒。

几种人的，没有不被搞得焦头烂额、最后吃亏，而后悔莫及的。

　　不要给未经世面的人以重任。不要过分信赖毫无经验的人，因为随时都会遇到风险。不应把需要经验丰富的人担当的工作交给毫无经验的人去干。对于经验，人们的体验是可以类比的。自己办不到的事，他人也不会办到。不要急于把需要有经验的人做的工作交给生手去做。因为新手要取得经验、获得信任，没有相当的时间是不行的。俗语说得好：富于经验的魔鬼胜过毫无经验的好人。但是衡量一个人是不是有经验，主要看他的行动，而不是言论。麻雀在手胜过孔雀在林。

　　宁肯走陆路，哪怕只能盈利百分之五。却不要走海路，哪怕能获利百分之一百一十。走海路，得利不过刚没脚面，可危险能到脖颈。不要因贪婪微小的利润而损失掉大量的本钱。在陆地上，即使遇到风险，而财产尽失，但生命却可保全。财产可以失而复得，生命却不可能。航海就像国王争位那样。忽而成为巨富，忽而成为赤贫。当然，在有条件的时候，去观赏一次海上奇景也是值得的。穆圣（愿他有福和安息）曾经说过："应去海上做一次旅行，以观赏至尊至圣的主的伟大的创造。"①

　　在做交易的时候，要会讨价还价。但讨价还价要符合商品的实际情况。价钱不能全由对方定。人们常说："蛇，应当由其他人去捉。"

　　对于盈亏应当心中有数，对此不要大意和出错。要随时掌握

---

　　① 此句原文是阿拉伯文。

行情,只要价钱公道,就将货物抛出手。对任何货物的价格都不要一成不变。以便在发现不妥的时候做出调整。要清楚了解商品的行情,利润和交易情况。对于是否能盈利,应当心里有底。

对于主顾要讲信用,不要出尔反尔。凡对人不讲信誉的人,吃亏的只有自己。

故　　事

据说有个人有一群羊。为他放牧这群羊的牧人是个虔诚、正直的教徒。他每天挤完羊奶以后,便把奶提到主人那里。主人往奶里兑了同样多的水,之后便交给牧人说:"拿去卖掉吧!"牧人对主人劝诫道:"不要这样做,不该欺骗穆斯林们。骗人者终没有好下场。"主人对牧人的话置若罔闻。

凑巧,有天夜里,牧人把羊群留在河谷,自己跑到山顶睡觉去了。时正春天。山地一带突然下起了大雨,山洪暴发,将这群羊席卷而尽。

第二天,牧人进城来到主人家。主人看他两手空空,便问:"怎么没有带来奶啊?"牧人回答道:"老爷,我不是对你说过奶里不能搀水吗? 还说过不要骗人! 可你偏不听。结果现在那些水聚到一起,把你的羊群席卷而去了。"主人听了以后悔恨万分,但悔恨又有何用?!

千万不要骗人。虽然只欺骗一次,却会从此失掉人们对你的信任。要为人笃诚,老老实实才叫最聪明。对顾客诚实才能做好生意。为能获得一次百分之一百一十的利润，须付出两次只盈利百分之五的代价。不要轻易许诺别人。一旦许诺，不要食言。不要泄露商品的采购价格。如须说出，应当如实，以求崇高的主赐福予你。

在进行交易时，对于字据不要掉以轻心。如：对方欲索收据，在你拿到现金之前，不要将收据交出。

不论到哪里去，都应找个熟悉的人做伴。作为商人，刚到一个陌生的城市时，应随身携带取货单，堂堂正正地在路上走。在必要时，可向人们做自我介绍。因为情况不明，很难保证不会受到损失。在和没有受到教养的愚昧人们同路旅行时，应当按时祈祷，态度雍容大方。俗话说："要先作朋友，再作旅伴。"①

即使你十分信任的商人，也不要认为他不会造假。当采购时，没有亲眼见到货物，不要买下；而销售时，要先了解市场行情，再根据自己的商品情况确定售价；在出售时直到成交也不要厌烦讨价还价。

应当学会理家。即使是再大的商人也要担起管家的责任。家里的财权不要分散。对全年的生活必需品，尽可能一次购齐。不论什么用品，事先储存下的数量，应比实际所需要的多一倍。要随时掌握市场牌价，当价格上涨时，可以卖出一半。把生活必需品大批买进，全年都可以不再为此担忧。这样做一不犯法，二不羞辱。而且不论谁都不会说你悭吝。这属于理家之道，不为吝

---

① 此句原文是阿拉伯文。

啬,不算缺点。在理家中,若出现了亏损,应当想尽办法增加收入,以弥补损失。假若找不到增加收入的办法,便只有减少开支。这也能达到增加收入的效果。

假若没有机会经商,就应去学习一种受人尊敬的知识。除掉经学以外,最有用处的莫过于医学了。穆圣(愿世界与他同在)曾说:"知识有两类:一类是经学,另一类是身体学,即:医学。"[①]下面我就谈谈医学。

---

① 　此句原文是阿拉伯文。

第三十三章　论医学

你若是个医生,就须谙熟医学原理,及其各科细节。应当了解人们身体内部所存在的物质,其中有些是固有的,有些是后添的。

固有的部分可分为三类:一是稳定的部分,二是附属于稳定的部分,三是可使身体发生变化的部分。

后添的物质都是有害的。将会或直接或间接地对身体带来危害。

稳定的那部分,或是内在的,或是表面的。

属于内在的那部分查看起来很困难。它的基本元素由四种组成:火、气、水、土。比这些更具体一些的因素,如性格,由九种组成:一种调和的,八种不调和的。其中四种单一的,四种混合的。比性格更具体的因素是气质,共四种:胆汁质、忧郁质、黏液质、多血质。这些气质可分为四类,也可分为两组。我谈这些话的意思是:人们的气质各不相同,气质同性格直接关联。决定性格的有许多因素,既有健康的因素,又有气质的因素。

属于表面的部分,可分三类:力量、活动和精神。

力量由三部分组成:欲念方面的,动物方面的,自然方面的,由欲念产生的力,依恃于感觉。感觉有五类:视觉、听觉、嗅觉、味觉和触觉。这些器官的力量和活动,及其进行活动的数量和类别,都处于一种动态。其力量提高到理性可分三种:想象、思维和记忆。属于动物方面的力量可分为两类:积极的和消极的。属于自然方面的力量则可分为三类:推动力、孕育力和转变力。

欲念方面、动物方面、自然方面的力的大小决定于活动。它们之间的关系是:力量源于活动,活动又给予力量以影响。这是由于活动的大小直接依赖于力量的大小。

精神因素同欲念方面、动物方面、自然方面的力量的关系在于:精神能作用于力量,即:它的大小直接影响力量的大小。

那些附属于稳定的部分同气质有关,胖者好静,瘦者好动,面色红润者血色素多,面黄肌瘦者胆汁过剩。脉搏状况说明动物自身的活力。勇敢是动物强力的表现。发怒是动物消极力的反映。贞洁是性成熟后的要求。哲理是人类理智的结晶。语言则能表达事物内在和外在的性质。

能使身体发生变化的必要因素共有六种:一是空气、二是食品、三是运动和静止、四是苏醒和睡眠、五是室外和室内、六是感情变化,如:忧郁、发怒、恐惧,等等。以上这些每一项都是必要的,都不可避免地影响人们身体的变化。每一项都可能超出其他各项而产生影响。其中的每一项都既可能影响到人的外貌,又会影响到人的健康。正确地运用这些因素,可以使人发育正常、体魄健壮;而错误地或过分地运用其中一些因素,也会影响人们的健康,使人羸弱、患病、不适。

越出自然发展的因素有三种:内因、疾病和偶然事件。

内因为三类:属于骨骼和肌肉的疾病;属于内脏的疾病或类似骨折的伤残。属于骨骼或肌肉的疾病;或由于内热而得,这有五种情况；或由于风寒而患，这有八种情况；或由于潮湿或干燥而患，这都有四种情况。它会引起肌体的疼痛，甚至变成畸形。这些情况在程度上又有轻重之别。畸形是指呈病态的外形：或有缺陷，或有变形，共分七类。畸形可能会突然产生，这有两种情况；也可能逐渐产生，这也有两种情况。此外还有器官位移和类似骈指的畸形，这也都各有两种。

疾病也分三类：外科疾病、内科疾病、肌体伤损的疾病——这种疾病也可称作综合病症，它属外科，也属内科。内科疾病和外科疾病的病因分作八类。其中四类是单一的：热、寒、湿、干；四类是复合的：湿热、干热、湿寒、干寒。内科疾病分作四类，其中有程度不同的畸形：形体变形、器官缺陷、急性的、慢性的。从程度上看，可分为两类：或严重、或轻微。从情况上看，亦可分为两类：一是器官本身遭到损伤，一是与器官联系的部分遭到损伤。从数量上看，也可分两类：或有骈枝，或有缺欠。肌体伤损的疾病：或属外科，或属内科，或两科兼而有之。

偶然事件亦分三类：属于动态的有三种情况；属于静态的有四种情况；属于呕吐的有三种情况。

还应了解，医学可分两类：一为医理，一为实践。

医理可使你洞悉医学道理。我要告诉你到哪里去学习各科知识，从哪里能得到阐述和剖析。我教给你的这些医理知识，盖伦①在《医理》②一书和其他文章中都做过解释和分析。你应通过

---

① 盖伦(约130—200)，希腊著名的医学家。
② 《医理》是盖伦十六部医学书的总集。

《医理》去研究一个医生所必需的医学知识。你若欲了解气质学，就应去读《医理》中的《气质篇》。你若欲了解人的生理，可以读《医理》的第二部《自然篇》。你若要了解外科，应读《医理》的《局部解剖篇》。你若欲了解内科，须读未收入《医理》的《总体解剖篇》。你若欲了解人的活动力，可以读《医理》的《自然篇》。你若要了解人的生命力，应读《医理》的《脉搏篇》。你若欲了解人的欲念，可研读《论希波克拉底①和柏拉图思想》，这也是盖伦未收入《医理》的一部著作。假如你想使自己的研究不只限于医学书籍，为深入了解医理和气质，可去读《形成和解体》与《天宇和世界》两部书②；若欲了解力量和活动，应去读《精神》③和《感觉》④两部书；若欲了解人的器官，可去读《生命》⑤一书；若想了解各种疾病，应去读《医理》中的《原因和偶然性篇》第一部分；若想了解偶然性的原因，可读此篇的第二部分。至于病因，则须读第四、五、六部分。

前面我只作了理论的阐述，现在还需要讲一些在实践中的应用。因为理论和实践如同躯壳和灵魂，是相互结合在一起的。没有灵魂的躯壳和没有躯壳的灵魂一样，都是不完整的。在治疗过程中，应想到那些老幼病弱的食品。病人和体弱这是两类。在未把情况了解清楚之前，不要着手治疗。这些情况包括：患病的时间；疾病的类别；患病的原因；病人的气质、年龄和职业；他的兴

---

① 希波克拉底(公元前460—前355)，希腊古代最伟大的医学家。

② 这两部书均为希腊哲学家亚里士多德所著。

③ 《精神》一书指盖伦的著作《气质对精神力量的影响》。

④ 《感觉》一书由希腊哲学家亚里士多德所著。

⑤ 《生命》一书为希腊哲学家亚里士多德所著。

趣、爱好、性格、气质、性别、外表；病人的特点；好的方面和坏的方面；病人的各种反映；内部的症状；以及病的严重程度。还必须清楚病人的体温和疾病的发展过程。应当了解药物的组成，懂得判断和医治的方法。假如我把每一种情况都阐述一遍的话，篇幅就太长了。因此我只想告诉你应去查阅哪几本书。在必要的时候一看就明白了。假若你欲了解生理卫生方面的知识，应去阅读《医理》中的《正确的措施篇》。若欲医治病人并了解医治方法，可去查阅《医理》中的《巧计篇》。若欲确定症状的好坏，可去翻阅希波克拉底的《预后学》①和《医书》②。若欲了解脉搏，可阅读《弦脉篇》和《缓脉篇》，若欲了解泌尿学，可去研读《病情发作篇》。这些作品都收进了《医理》一书。此外，盖伦还写了一本《泌尿学》。若欲了解内脏疾病的特点，可去阅读《医理》的《肌体篇》。若欲了解疾病的发作期，可翻阅《医理》的《发病期篇》。如欲了解炎症状况，可查阅《医理》的《炎症篇》。若欲了解暴病情况，可参阅希波克拉底的《暴病》一书以及盖伦的《肌体篇》和《巧计篇》。如想了解药物组成，可阅读盖伦的《药物学》③。

作为医生，应当积累丰富的经验。其目的不是只为去治好名流贵族的疾病，而是应当把这些经验应用于其他病人。应当尽量多看病人，为他们治疗。最后做到对疑难病症能够迎刃而解；对内科、外科疾病的原因都能了如指掌。从书中所得来的知识还未

---

① 希波克拉底的《预后学》有盖伦的注释本。

② 《医书》一书由盖伦翻译成了波斯文。

③ 《医物学》未收进《医理》一书。

亲眼目睹,并不是直接经验。应当牢记希波克拉底的遗言:"医治病人必须认真负责,要保持自身的洁净、衣服的洁净,并使自己散发馨香。每当见到病人时,都应当面带笑容,和蔼温柔,使病人感到温暖,增强把病治愈的信心"。

分　章

假若你以为病人已熟睡,但唤他时,他虽能予以回答,却并不认识你。睁眼一视后,就又闭目睡去,这是不好的症状。当看到他昏厥过去,不论怎样活动他的手臂,也不能使其苏醒,这亦不是好的症状。在病人处于惊厥状态时,每当他叫喊时都紧握拳头,这也是不好的症状。假若病人的眼白比正常时发白,眼珠比正常时黑,舌根僵直,嘴唇张翕,呼吸短促,这不是好的症状。假若病人呕吐不止,难以控制,而呕吐物的颜色很杂:红、黄、黑、白皆有,说明很危险。假若病人面黄肌瘦,咳嗽不止,若把黏痰吐于手帕中风干,在洗涤手帕后,若痰痕仍见,说明症状不轻。假若由于极端嫉妒或忧郁而患病,及至呼吸急促,说明病情很重。具有以上所述种种症状者,都不必再予用药,因为医治也没用了。假若为病人诊断时,没有发现我所说的这些症状,便应值得庆幸。

当对病人切脉时,感到脉搏沉重有力,说明血盛;假若脉搏细而急促,说明胆盛;假若脉搏迟沉微弱,说明湿盛;假若与此相反,则为干盛。应依照不同的情况做出诊断。

分　章

在切脉之后,应当观察尿色。若尿色发白,略带混浊,是因悒郁而患病。若尿色发白,并呈透明状态,表明身体浮肿,这是由于体液过多和消化不良所致。假若尿呈透明,说明因厌恶某事而患病。假若尿中带血,色呈橘黄,且含有粒状物质,表明腹脏有病。假若尿呈油质,黏液沉积,说明是重病的初期。假若尿色红里透黄,说明体内有炎症和肝火太旺,血和胆汁混合在一起了。假若尿呈黄色,沉积液色黑,说明患有忧郁症,不必给他药吃。然而假若尿色虽然发黑,但黑中透黄或透绿,则病情要好一些。假若病人口说胡话,尿液红里透黑,说明胆汁中混杂进了血液,死期已经临近,不必用药了。假若尿为黑色,血浮于上,对这样的病人不要再费心医治。假若尿为黑色,里面有类似麸子的东西或者上面漂浮着血水,这种情况也不要去医治了。假若尿色黄得出奇,并且像阳光般地发亮,黄中还透着红色,红得比血的颜色还重,这是由于膀胱充血,病情会很快好转的。假若尿呈黄色,液中夹有血丝,可以为他医治。假若尿为黄色,中间带有白丝,说明病已拖得过久。假若尿为绿色,说明患有脾炎。假若尿色绿黑相混,但不久颜色褪尽,或者绿白相混,里面夹有似醋里的白沫样的东西,说明腹内胀气或有痔疮。在检查完尿液和切脉之后,就能知道病因了。因为疾病的种类繁多,造成的原因也各不相同。

当观察完尿液,清楚了尿的情况之后,就应进一步了解为什么情况如此千差万别。并不都属一种类别。了解了类别,还要了解细目,之后才能着手治疗。对于病人,首先要让他注意营养,然后再对症下药或敷药。在服药或敷药的基础上,再满足饮食的喜好。尽量把饭食做得精细。当看到病人不敢用药时,应该首先安定他的思想。若恶心呕吐,先不必勉强他,吐够了再服药,不用强制他就能做到。任何时候都不要责骂病人。病人在恢复期间,要讲明注意事项,不要让他掉以轻心。对于大腹便便的病人,不要阻止他多吃,他不会听的。但要设法消除多食带来的危害。好的医生都很熟悉药性和病因。对于医学我已经说得很多了。我十分喜爱这门学问,因为它很实用。因此,即使我的话十分冗长,人们也不会感到厌烦。

　　下面我要谈谈天文。这门学问初看偶然性很大,实则有一定规律。天文是一门高尚的科学,掌握它十分困难,你应当刻苦钻研。有些天文现象就是先知穆圣也感到惊奇,而惘然莫解①,没能给予科学的解释。

---

　　①　可能这是指月蚀和日蚀等现象。

第三十四章　论天文

　　如果你欲做天文学家,首先要极刻苦地去研究数学。

　　天文的内容十分丰富。它对未来的预测总是正确无误①。而这一点,任何人都难以做到。总之,学习天文的目的是预卜凶吉。研究历法也出于同一目的。

　　若尚不能谙熟占星术,就应首先掌握星辰的运行规律,并通晓历法,在这基础上再进行观测,就能得到正确的判断,能够正确地预测吉凶了。但观测时不能用估计法,而应经过精密的计算,并绘出正确的坐标。只有计算和坐标正确,判断才会正确。

　　必须首先熟悉星辰的运行情况,才能从中观察到某人的出世,和预测人事祸福。应去了解:吉凶、吉凶程度、吉凶所属;月亮、月亮圆缺、满月所属、月缺时各种不同的形态;黄道十二宫②;那些有卫星环绕的行星;那些有行星环绕的恒星;那些与吉凶祸福、黄道带有关联的星辰;能确定行星和恒星运行轨道的星辰;以

---

　　① 波斯古代把天文学和占星术结合在一起。占星术是一种迷信的巫术,但是它又包含着对天文的一定程度的研究。

　　② 黄道十二宫计有:白羊、金牛、双子、巨蟹、狮子、室女、天秤、天蝎、人马、摩羯、宝瓶、双鱼。

及福星的亮度、灾星的暗度；天空中沟壑的深度、屏障的高度①；太阳光的灿烂程度，以及它在运行时的变化。

对以上所述都不要粗心略过；同时还要注意观察各个星座、黄道的各宫、天体的三分法②以及三面的状况、天体的九道③和九道的状况，星座的大小与形状，命星的高贵与卑贱，星辰的位置与移动，命的欢乐与悲哀④，星辰的高远与低矮。

可以通过观测月球和星辰，了解吉兆与凶兆，以及它们之间的联系。应当观测星球间的相似处，它们是在相互接近还是在相互远离。随时测量星球同发光体⑤的距离，以及它同其他星球之间的距离。应观察星球的移动、相合、排斥和分离。这些星球在方向、力量和性质上，常常是相互抵触的。它们相互分开、远离，又互有引力，互为因果、互为条件。这些星光有时明亮，有时暗淡。太阳与太阴有时相向，有时相背。从这些星球的变化，可以了解到人的生命存在的情况及其生命的长短。不论生命的延长或缩短，都会从天体的运行中反映出来。

了解了这一切之后，便可以进行判断了。为使判断正确，可依据历法。天文学家还绘制了天文历表，标明了天体运行线路。

---

①　古代波斯人认为天空和地面一样也有深井高墙才使得星星的亮度减弱，因此地面上的人们不易看清它们反映出的吉凶祸福。

②　古代印度的天文学家把天体分为三部分。

③　"九道"，天文学名称，为月行之道。《汉书》《天文志》中王先谦注曰："日道独黄，月行青、朱、白、黑道，各兼黄道而言，故又谓之九道也。"

④　按照波斯占星术的说法，星辰能反映人间的吉凶福祸，欢乐忧愁。如：从狮子宫、天蝎宫、摩羯宫中能观察出人间的愁苦。

⑤　"发光体"指太阳。

只要细心研究,既从整体全盘考虑,又不放过细节,反复核对,全面平衡,防止纰漏,就会得出正确的结论。

只要你按照我所说的小心谨慎地去做,所做出的判断定然可信无疑;但若你对我的话三心二意,定得不到中肯的结论。不论人们问讯你什么问题,你的答复一般都会是正确的。但是当谈论人们的诞辰时——据我的老师说——不应看从母体分开的时间,而应看种子出现的时间,即卵子受精的时间。当男人的精子被女人的子宫接受后,才会产生生命,生命之优劣其根本还在于此。但从母亲分娩时起,人便开始了童年。年复一年,逐渐长大成人;月复一月,逐渐变得年迈体衰。而决定其命运的,还是当时的受精卵。穆圣先知(愿他有福和安息)曾说道:"幸福者是因在母腹中得福,不幸者是因在母腹中得祸。"①赛义德·阿拉姆(愿他有福和安息)也说过类似的话,我曾同你谈过。虽然一个人对于使自己得以诞生的种子是无能为力的,但是来到世间之后,却可以按照先贤的遗训从事。对于这点,以前我也曾谈过。

当出现了问题以后,首先应卜算时运,探其吉凶。其次再观测月球、月球运转、人间之事在它上面的反映、在它附近或同它远离的星球、能够映出吉、凶、祸、福的星球或星座。当观察到某个星座属于谁,就要根据智者的指教,从中找到更多的证明,以使自己的结论更加准确。

---

① 此句原文为阿拉伯文。

分　　章

关于如何观测与判断，我已经谈了不少。假若你是工程人员，或是测绘人员，很谙熟测绘工作，决不要只用一个小时的时间马马虎虎地测一次就算完了。因为测绘学是一门精细的科学，若欲进行测绘，首先应精测各种形状的面积和角度，不能只测量一块面积后，其它便进行估算了。否则，定会出现许多差错。

应当很好地掌握角度，我的老师（祈真主保佑他）时常教导我说："某人啊！当测量一个多边形的面积时，千万不要忽视角度，假若它的各个角都是锐角，如下面的形状：∨或∧，不能当成钝角计算。因为锐角同钝角差别甚大。"

假若地面的形状没有规则，测量起来十分困难。即使进行了测量，也无法计算。在这种情况下也不能去大致估算。而应首先将它分割成若干三角形和正方形，然后再分别测量和计算。这样得出的结论就正确无误了。

我在这方面就谈这些。虽然这部分并不属于天文学的范畴，但我认为有必要了解，才啰唆这许多话。我的教诲要涉及各个方面，以使你能从事任何工作，对任何事情都能感兴趣。

第三十五章　论吟诗作赋

假若欲成为诗人，就应力争使自己的语言平中见奇。应当力避隐晦。不要写出的诗句只有自己明白，不经解释他人就无法理解。因为诗歌是为他人而作，并不是用来自我陶醉。

没有和谐的韵律不称其为诗。诗歌应有盎然的诗意，明快的节奏。单调无味的诗歌无人喜欢。修辞炼句之于诗歌，正像旋律繁复之于弹奏，梳妆打扮之于容貌，可令人愉悦。

诗歌的技巧包括：比喻生动、对比鲜明、排比重叠、近义连用、象征借喻、字词重复、加强韵脚、对偶工整、诗联匀称、隐喻暗示、前后呼应、节奏铿锵、抑扬顿挫、声韵优美、一喉二歌①、结构紧凑、随韵停顿、音韵谐调、韵脚变化②、词浅义深、双韵交替、长词简化、语句倒置，等等。假若你欲把诗歌写得动人，应能富于联想、善用比喻。颂赞诗往往靠比喻取胜。抒情诗和四行诗，要能写得情深意挚、优美新颖。不论写什么诗，都应开阖顿挫、韵律严谨。

---

① 指一首诗中从每一个诗行提取一个词，可组成另外一首诗，或一个诗句，或一句的祈祷。有点类似我国"连头诗"。

② "韵脚变化"在这里指"玛斯玛特"诗体的韵律，其韵律形式是 $aaaaab, cccccb, ddddb.\ldots\ldots$ 即各段的韵律不同，但最后一行诗押同一韵脚。

诗歌应力避阿拉伯词汇，以免枯涩平庸、黯晦难懂。写诗应当感情充沛，并能以新词异彩、恰当比喻来表达。不论写特殊事物还是一般事物，都应力求完美清新。这样你的诗歌自然能够遐迩闻名。

诗歌不应简陋平直，因为过于粗俗生硬，不会有人喜欢。当然，假若确实写不出词句雅丽、感情细腻的诗歌，也可以采用犷达晓畅的风格。尽管风格迥异，但韵律却都须精通。此外，还应通晓诗歌技巧，习惯用语、诗歌评论。只有这样，当你同诗人们一起时，才不会因相互酬唱、对歌，或即兴赋诗而出现窘态。

波斯诗歌共有十七个韵体，这些韵体的名称是：哈扎至、拉加兹、拉玛勒、哈扎至·玛克福夫、哈扎至·阿赫拉伯、拉加兹·玛特维、拉玛勒·玛赫布、蒙萨尔赫、哈菲弗、穆扎列、穆扎列·阿赫拉伯、穆卡塔兹伯、穆芝塔斯、穆塔卡列伯、萨里、卡里伯、卡里伯·阿赫拉伯。在这十七种韵体中包含着五十三种韵声和八十二种节奏。所有这些，你都应当十分熟悉。

从内容上看，诗歌分颂赞诗、抒情诗、讽刺诗、哀悼诗、修行诗等。

诗歌应当结构完整，不要有首无尾。当你还不能把散文写得通畅时，不应起笔写诗。散文犹如乡里小调，诗歌就像名家雅曲。乡里小调尚且唱不出，名家雅曲便难于应付。

抒情诗和四行诗应当情韵缠绵、清新俊逸。

颂赞诗应当文辞雄放，动人心弦。颂赞者应当品行端庄、度量宏大，并深知被颂赞者。用语要恰当，不要不管歌颂谁，都用同一个俗套。比如不要动不动就说：你能用利剑刺死雄狮，能把比斯同高山①挑在枪尖，能用箭矢把发丝射断等。也不要总用那些人们用滥了的比喻，诸如将骏马喻为"斗勒斗勒"②、"伯拉戈"③、"拉赫士"④、"沙布迪兹"⑤等等。脑子应当清楚，对什么人该用什么样的语言。作为诗人，还应当摸透被颂赞者的脾气，了解他的喜好。这样才能使你的颂赞博得他的欢心，而不致他所期待的你说不出；你所得意的，他却厌恶。在颂赞时不要贬低自己的人格，把自己称作贱奴、随仆。只有当被颂赞者确实称得上你的主人时，才可例外。

讽刺诗不要多写。干什么事都不要随心所欲。

为敬祈真主、修身养性而写的诗应当严谨，以使你在两个世界中都福运亨通。虽然诗歌是一种夸张的艺术，但是却不同于谎言。

当朋友和权贵去世后，也可写哀悼诗。

一般来说抒情和哀悼属于一组诗型，讽刺和颂赞属于另一种诗型。比如你只会写颂赞诗，而不会写讽刺诗，那么就把颂赞诗反其道而行之，便成为讽刺诗了。抒情诗与哀悼诗亦然。

写诗不能墨守成规、人云亦云。否则便发挥不出自己诗歌的个性，开拓不出新的诗歌意境。水平也就总是停留在原有的高度

---

① "比斯同"意为没有支柱的。比斯同山是位于克尔曼沙赫省东部的著名大山。

② "斗勒斗勒"据说是一匹由亚历山大大帝馈赠给穆罕默德的呈灰白色的战骡。后来穆圣将它转赠给了阿里。

③ "伯拉戈"是穆罕默德"登霄之夜"的坐骑。经常用它比喻跑得快的马。

④ "拉赫士"是传说中的英雄鲁斯坦姆的战骑。

⑤ "沙布迪兹"是萨桑尼王朝霍斯鲁·帕尔维兹的战马。马的颜色漆黑。

上。作为诗人应当感情充沛、技巧娴熟。每当看到独出新意的诗句,使你耳目一新时,你应当立即吸收过来,运用到自己的诗中。但应注意不要生搬硬套,照葫芦画瓢。运用其所学应当十分灵活:从颂赞诗中所学到的佳句,要能用于讽刺诗;从讽刺诗中学到的佳句,要能用于颂赞诗。从抒情诗中学到的佳句,要能用于哀悼诗;从哀悼诗中学到的佳句,要能用于抒情诗。这就叫学得活,用得巧,无人知道源于何处。

假若你欲用诗歌形式为他人歌功颂德,假若你欲以说唱为生,就不要总是紧蹙眉头、衣衫褴褛,而应当精神抖擞、满面春风,还要在头脑中装满有趣的奇闻和令人发笑的故事,以便能在众人或颂赞者面前随口诵诗。

第三十六章　论弹唱

假若你是一个演员，就应当总是显得精神愉快、伶俐乖巧，还应当保持大方的举止、洁净的衣装，并且能话语甜蜜、左右逢源。

在演出的时候，不要紧蹙眉头，只弹唱雄壮深沉的歌曲；但也不要只表演轻浮柔靡的歌曲。即所选唱的不要只是一种曲调。因为人们的情况各不相同，兴趣爱好也都会有区别。所以作为乐师，应当这样安排节目：首先演唱《霍斯拉旺尼颂》①，这是一首歌颂国王的歌曲；然后弹唱两首幽微深沉的歌曲，以满足老年人和性格严肃的人的要求。这两种人喜欢节目有一定的深度；由于观众不仅是老年人和严肃的人，其他人必定会议论纷纷：不要只为老年人演出，也应当为青年人着想。这时就应弹唱一些轻松愉快的歌曲，以满足这些青年的需要。即使严肃的题材，也应符合这部分人的兴趣。这样，不论是老年人还是青年人，便都会对演出满意了。但是孩子们和性格温柔的妇女们的兴趣还没有得到满足。他们也希望听到适合他们口味的曲调，这时所演唱的歌曲就应适应他们的要求，以使他们也能从演出中得到乐趣。歌曲的音

---

① 《霍斯拉旺尼颂》原是一首散文诗。萨桑尼王朝的名乐师巴尔巴德曾把它弹唱给霍斯鲁·帕尔维兹国王。据记载，为这首颂歌谱写了三十一种曲调。

调不要总是软绵绵的，不要过于单调。

在演出中不要说："我想起了某个歌曲，来为大家演唱。"而应说："为满足大家的要求，我来演唱某个歌曲。"

演唱前应当先观察一下听众：如果他们脸色绯红，属多血质型，演唱时应主要用二胡伴奏；如果他们脸色蜡黄，属胆汁质型，应多用高音伴奏；如果他们又黑又瘦，属忧郁型，应多用三弦琴伴奏；如果他们又白又胖，属黏液质型，应多用低音伴奏。只要乐师掌握了弹琴技巧，就能使各种气质的人都感到欢欣。

我在上面谈到的这些，还并没接触到应当如何对待演唱，下面我想着重谈谈这个问题，以使你明了。

作为演员，为消除疲累，应多讲故事、笑话，多开玩笑。假若你既会演唱，又善工诗，不要只偏爱自己的诗歌。除自己的以外，也吟唱其他人的作品。因为可能你所爱好的，不一定也为他人所爱好。所以除自己的诗作外，也应注意选诵其他诗人的作品。

假若你喜好玩"纳尔德棋"，不要因下棋而耽误演出。在演出的时候，不要埋头下棋。更不要用"纳尔德棋"或象棋赌输赢。因为你的任务是来演出，而不是来赌博。

在进行演唱时，要始终保持高昂的情绪。不要没腔没调地演唱。"嘎扎勒体"①抒情诗和"塔朗涅体"②四行诗。因为乐曲没有

---

① "嘎扎勒体"一般由六至十五个"别特"（联句）组成。隔行压韵。在抒发感情或表达爱情内容时，多用此体写诗。

② "塔朗涅体"亦称"鲁巴依体"，一般由四行组成，第一、二、四行压韵。最初多用此体表达爱情，后来许多诗人也用此体抒写哲理内容。

旋律,就不能打动人们的心弦。应当尽量把歌唱得甜美动人,把琴音演奏得婉转如诉。

当你对某人产生了爱情,不要整天毫无约束地哼唱表达自己感情的歌曲。因为你个人喜欢的,他人未必喜欢。

脑子中要牢记大量的各种内容的歌和诗,诸如:分别和会见、责骂和讥讽、拒绝和同意、背叛和忠诚、恩赐和善行、欢快和抱怨等等。根据不同的时令和季节,要会唱不同的歌。即春、夏、秋、冬要应时而唱,不要春天吟秋赋,秋时唱春歌,夏季诵冬诗,严冬读夏词。即使你是个远近闻名的大家,也决不要忽视每首歌的时节。

在演出时,要注意看看有无同行在座。假若在座的有不少是谙熟音乐,靠卖艺为生的人,就应认真演奏,不露破绽。但歌曲要多选择适合老年人听,并以嘲骂人间为内容的。

假若观看演出的多是军人和游客,应为他们演唱以两军争战、流血牺牲为内容的《河外之歌》[1],或歌唱游客的小调。

演出时情绪不要悲哀低沉,也不要从头到尾都演唱颂扬帝王的歌曲,只考虑如何保持住演出的地位。开始的节目可以演唱《正义篇》[2],之后便可转向其他歌曲。如:《葡萄酒颂》、《咏酒篇》、《爱情篇》、《孜尔阿富干曲》、《布斯利克曲》、《军歌》、《雅曲》、《郭外士特曲》、《拉侯维曲》等。演出应当把节目安排得当,以免使观众感到厌烦,因而离席而去。

---

① 《河外之歌》是由波斯诗人玛努切赫尔所作。"河外"指阿姆河以北的地区。这首歌曲威武雄壮,是当时流行的战歌。

② 《正义篇》和下面提到的《葡萄酒颂》等,都是波斯古代的乐曲。

作为演员应当了解：观众有什么要求？更喜爱什么曲调？应当看菜下饭，量体裁衣。不要观众所希望的你不能满足，而你所唱的，只是你个人所喜欢的。对于歌唱家来说，最大的艺术才能是能够满足听众的需要。

若赴酒宴不要频频祝酒，痛饮开怀。饮酒要适量，以便仍能弹唱自如，因为这才是你的主要任务。饮酒多少，必须在不影响演出的前提下。

唱堂会时，不要同酒鬼纠缠在一起。不要理会他们乱点的歌曲，以及对你的吹毛求疵。即使他们所说的是毫无根据的捏造，也丝毫不要放在心上，由他们信口胡说去。当你喝了些酒，而其他人也醉醺醺以后，不要同这些人争辩问题。因为在主人家同醉鬼一纠缠就无法弹琴唱歌了，就会使人们对你失望。演出时，你一定不要寻衅闹事。因为一出现事端，就必然得不到主人的恩赏。严重者还会被打得头破血流，衣服也被撕烂，并被赶出家门。因为歌手是受雇者，即使对于醉汉，也应客客气气。一旦闹事，便必然得不到收入了。

假若在酒宴上有谁要求你颂赞他，你应表现得十分谦逊。可以为他多说几句好听的话，以便使其他人也都要求你把他们赞颂。开始时，你要表现得十分乖觉，不要一颂赞完谁，就立刻要银子。当他们有了朦胧的醉意后，自然都会把钱给你的。

假若醉汉坚持要你弹奏某个曲子或唱某支歌，你不要愁容满面。人醉之后往往如此。你应当很好地歌唱或弹奏，以使人们对你满意。作为艺人必须对醉鬼十分耐心，过于急躁，就可能丢掉饭碗。

　　人们常说："歌唱家应当又聋、又瞎、又哑。"也就是说：不该听的，不要去听；不该看的，不要去看；你到某个大户人家所听到的、看到的一切，到了另外的地方，不要说出。这样的艺人永远会有主顾。他的生意就会兴隆。真主定会引导他步入正道①。

---

　　① 这句话原文为阿拉伯文。

第三十七章 论侍奉君王

假若你有机会成为国王的亲信,侍奉在他的身侧。不管国王对你怎样地宠信,你也不能矜持傲慢、追逐名利。对国王交给的工作决不能玩忽职守。同国王的关系不要过分亲密,对国王的服侍却应兢兢业业。因为得宠时依恃于人,失宠时便不能自立。谁若由他人养肥,失去保护后便会消瘦。

尽管你得宠于国王,也应有自知之明,决不能疏忽大意。不要说有碍于国王的话。在他面前不要坚持己见。常言道:"谁若同国王顶撞,固执己见,决不会有好下场。"

应当诤谏国王行德从善,这样国王对你也就会宽厚仁慈。假若你对国王的谏言多是行恶拒善,国王终究也会对你以恶相待。

故　　事

据说在甘芝国王法兹隆①时期,他有一个谏臣是迪勒姆②贵族。不论谁犯了罪,必须关押起来时,法兹隆国王都下令将他逮

---

① 法兹隆是沙达德王朝的国王,于 985—1031 年在位。
② 是吉兰省的一个民族。

捕并投进监狱。作为国王谏臣的这个迪勒姆人对国王说："不要为平民带来痛苦。但若他们犯罪，就要将他们处死。"由于他的建议，有几个人被处死了。凑巧有一天，这个迪勒姆人获罪，国王下令将他逮捕入狱。迪勒姆人派人去说情，想交出大批金钱来请求不要杀他。法兹隆国王说："你曾对我说过：'不要为平民带来痛苦。但若他们获罪，就要将他们处死。'"结果自己出的坏主意反倒害了自己。

抑善者也就必然扬恶。凡事总有个尽头，不要夸耀自己的福运。服侍国王须要殷勤谨慎，顺从才能得到恩惠。国王的亲信比富人更加受人崇敬。虽然媚事国王会使你"肥壮"，但你应该表现得十分"瘦弱"。只有这样，才能确保安全。难道你没看到：羊瘦就能免遭杀害，而一旦长肥，就会被人垂涎，难逃被屠宰的命运？

不要为了金钱而背叛主上。

服侍国王所得的俸禄好像一朵鲜花，既艳丽馨香，又名扬遐迩、惹人喜爱。在"鲜花"开放的时候，国王的恩赐积攒不住，所得的每一个达拉姆，都会像灰尘一样飞散。服侍国王所得的荣誉犹如资本。这是一个达拉姆，一个达拉姆积攒起来的。正确的谏言，好像利润。为得到利润，就不能失掉资本。而保持资本的目的，便是不断求得利润。假若丧失了资本，利润也就无从谈起。

谁若把金钱看得比荣誉还贵重，他便会从高贵降至低贱。谁若不惜名声扫地而聚敛钱财，他定不会留下美名。除非他适可而止，并能仗义疏财，否则便不能堵住人们的嘴。

当在服侍国王的道路上青云直上、占据高位之后，永远也不要背叛国王。背叛国王者，必将走厄运。假若国王使仆从出名，而当仆从把国王的恩惠忘得一干二净时，国王便会收回他的厚恩。所以为使自己不遭到灾难，不要对国王的善待回报恶意。

据说法兹隆·布勒萨瓦尔阿米尔委派布·巴沙尔为巴尔德城①的驻军司令。他却说："我到巴尔德城水土不服。只在冬天我才到任……尤其在夏天，我是不去的。"他对此拉拉杂杂地谈了许多。法兹隆阿米尔对他劝道："人未到死期，是不会死的。"但布·巴沙尔却说："正如王上所说：人未到死期是死不了的。但是只要还未到死期，谁也不会在夏天到巴尔德去。"

此外，还应当分清敌我，给朋友以厚益，给敌人以危害。明智者首先应当同朋友相爱，对敌人仇恨。富有的人家不要像一棵不结果实的树木，任何人都不能从他那里得到惠赐。就像犹太人那样有成千上万的迪纳尔，却舍不得拿出一个旦戈②来施舍穷人。这样定会名声扫地。所以当你富有后，仍应保持高尚的品格。假若你生活得舒适幸福，更应当注意疏财仗义。穆圣（祈真主赐福于他）曾说："最好的人是能为他人带来幸福的人"③。

不要看谁豪富就去侍奉谁，因为财富会由多变少。也不要去做耆绅的随从，虽然老年人生命尚在，但毕竟距死期不远了，尽管年迈的人在晚年时对人仍很诚恳。

假若你做了国王的仆臣，就应当像先知（愿他有福和安息）的叔父阿巴斯（祈真主喜悦他）对自己的儿子阿卜杜勒（祈真主喜悦

---

① 巴尔德城，古代阿塞拜疆的大城。
② 见本书第 107 页注①。
③ 此句原文为阿拉伯文。

他)所说的:"孩子啊!你要知道:这个人也就是欧麦尔哈里发①(祈真主喜悦他)选你做他的助手,说明他对你比对其他人更加信任。假若你想使自己在那里站住脚跟,就须做到以下五点:一、决不要对他说谎;二、不当他面说别人坏话;三、在任何事情上都不要背叛他;四、不要违背他的旨意;五、不要把他的秘密告诉别人。"只要做到以上五条,你便能使自己的地位长期稳固。在你辅助自己的主人办事时,要谨慎小心,不要出差错。出了差错不要像个罪人似的在他面前抬不起头来,仍应保持好像不曾犯错误的样子,以使他觉察不出你的意图,注意不到你犯的错误。佯装不知与缺乏礼貌、拒不服从不一样。前者并不为错,后者却属罪愆。

服侍君王,应当主动,不要拨一拨,动一动。对于其他人的要求,应当有求必应,把他人的期望也视为自己的职责。你要时刻做好尽忠的准备。君王既然会召唤他人,也会把事情摊到你的头上。因为他总在随时随地考察他的手下人。假若你对他交给的工作,每次都完成得很漂亮,他自然会逐渐和你亲近,把重任委托于你。正像卡玛尔·古尔冈尼②所说的:

> 须冒生命危险与君王交谈,
> 要入海底采珠怎能不冒风险。

---

① 见本书第 136 页注②。

② 卡玛尔·古尔冈尼是十一世纪的诗人,同本书作者的祖父卡布斯·本·瓦士姆吉尔同时代。

不经历仆从的辛劳,怎能享受做主人的安逸。眼眉须经过描画才显得漂亮。真主既然确定了国王,国王就有考察所有人的义务,而人们也都有求于他。

不要在国王面前表现出妒忌之心。

当听到有谁在觊觎王位时,也不要把这情况讲给国王听,尽管符合实际。

应当永远畏惧国王的发怒。有两件事不要视为卑微:一是畏惧国王的雷霆;二是恭听智者的教诲。谁若把这两件事视为羞耻,他便不会被人看得起。

以上便是服侍国王所应具备的条件,只要你能很好地按此去做,便可能升到更高的地位,而成为国王的亲信。你应当谙熟侍奉国王的秘诀,真主是最有知的①。

---

① 此句原文为阿拉伯文。

第三十八章　论做国王的陪臣

假若国王下令由你做他的陪臣,而你若不具备陪伴国王的条件,便不要接受这样的职务。做国王的近臣有一定的要求:在议事厅上,既不可打扮得妖艳,又不能显得太寒酸。

首先必须五种感觉器官都很灵敏。尤其目光要炯炯有神,不能一看就令人生厌。这样君王才能喜欢。

还必须能书善写,谙熟阿拉伯文和波斯文。一旦国王跟前文书不在而需要有人读或写的时候,你便能立即站出来完成这件工作,为他读或者写。

另外,作为陪臣即使不是诗人,也须懂得诗歌,能评论诗词的优劣,能背诵大量阿拉伯文和波斯文诗歌。当国王孤寂烦闷或兴致勃勃,想听几句诗歌而诗人又不在身旁时,你可以当即为他吟诵一段。

你还应当熟悉医学和天文。当谈到这方面的问题,或需要专门谈谈医学或天文时,都能圆满应付,这也是作为近臣所需要的。你的渊博的知识能博得国王的信赖,使他更加宠信于你。

你还须精熟乐律,能弹琴作乐。以便当国王孤闷而歌手又不在时,你能够使他得到欢快。这样他才能对你更加喜爱。

你还需要能够谈笑风生,会说故事,言谈所至,饶有趣味,能言善辩,语言警策隽永,并知道许多奇闻轶事。近臣若不会讲故事，不知外界奇闻，同样难以得宠。

你还应该会下"纳尔德"棋和象棋，但不能着迷。如果成为棋迷，便不宜做国王的近臣了。

你还应当精熟《古兰经》，并能讲解其义，熟知教律、教法，了解先知（祈真主赐福于他）。以便当国王议事时，你也能谈论和回答这方面的问题，不一定非求教于宗教法官和经书注释家。

你还应研读大量介绍古代国王生平事迹的史书。以便当与国王在一起时，向他介绍先王们的优秀品德，对他施加好的影响。以使崇高的真主的奴仆们都能解脱苦难，欣享欢乐。

你应当既严肃又活泼，具体该采取哪种态度要依情况而定。需要严肃的时候，不要开玩笑；需要活泼的时候，不要板着面孔。假若你懂得一种道理，却不知怎样运用它，人们是不会认为你是真正懂得的。

除掉我上面所说的以外，你还应当有男子气概。国王并非总是逸乐游玩，有时也会赞赏勇敢精神。这时你要表现出自己的刚勇，你一个人能打得过两个人。真主保佑，若在国王孤寂或欢娱的时候，不要有不快的事情发生。但当出现事件时，你要挺身而出，勇敢相迎，使君王能够解脱危难。你即使牺牲，也要保住君王，以使你的美名传世，你的后裔也能以此引为骄傲。假若你能有幸活命，则会名利俱得，安享福寿，直至终结生命。

假若你不完全具备我在上面所说的条件，你应充实自己，以能适应陪臣的工作。谁若认为侍奉国王就是为了吃、喝、玩、乐，这种人不过是卑俗的小人，而不宜于做国王的近臣，只可以给一般人做仆从，这样你还会少招惹些是非。

你在国王面前，一定要谨小慎微。在酒宴时，不要对娇妃宫女眼睖视。当酾客①为你斟酒时，不要贪看她的花容，而应低头接酒，直至饮干还杯，也不偷觑一眼，以免除国王不得不掩起龙颜。你要学会自持，不要使自己像法官阿卜杜勒·牟勒克·欧克巴尔那样的受窘。

故　　事

据说法官阿卜杜勒·牟勒克·欧克巴尔被玛蒙②哈里发选作自己的陪臣。每当欧克巴尔办完公事以后，便来陪哈里发饮酒作乐。

一天，在酒宴中有个酾客来为阿卜杜勒·牟勒克斟酒。阿卜杜勒·牟勒克接过酒杯时，竟对她醉眼凝视、眉来眼去、表示亲狎。不料这一切全被玛蒙看在了眼里，于是玛蒙便紧闭了双目。阿卜杜勒·牟勒克领会其意，便把眼睛半闭起来。玛蒙过了一会儿故意问道："法官啊！你的眼睛有什么毛病吗？"阿卜杜勒·牟勒克答道："我也不知怎么回事，陛下当时也闭起了眼睛。"

从那以后，直到他去世，不论他是在旅行、驻地、集会，还是没人在场时，他始终不睁大眼睛。玛蒙的责骂深深地镌刻在他心里。

凡做国王或大臣们近侍的人，都应从上面的故事引以为戒。既做国王的陪臣，就须了解什么是该做的，什么是不该做的。

---

① 酾客：即斟酒的人。

② 玛蒙，阿巴斯王朝的第七任哈里发。见本书第49页注①。

第三十九章　论做文书

假如你欲做文书,必须书写漂亮,能说会道。对于书法要敢于创新,尽量多写,必会愈来愈熟练。

故　　事

听说大臣伊斯玛依勒·本·阿巴德有个星期六坐在办公室里写东西。他对文书说:"我每星期六都写不好字。因为星期五[①]没上班,不曾动笔。仅这一天的懒惰对我都有影响啊!"

因此应该每天都应写点什么,以做到思路清楚,用笔娴熟。所写的东西须内容充实,意明语约。正像诗人所说的:

诗　　歌

应把世界之口说出的警句,

书写成言简意赅的文字。

---

① 见本书第 69 页注①。在伊斯兰教国家,星期五休息,是进行"聚礼"(礼拜)的日子。星期六为每星期的第一个工作日。

所写文章既要寓意深刻，又能引经据典——引证经文和先知（祈真主赐福于他）的语录。假若所写文章须用波斯文，那么不要用纯波斯语，这不会令人喜爱。尤其是达利波斯文在上层社会认为不够高雅，所以还是不用它写作为好。阿拉伯文语法讲究，这是显而易见的。其韵文典雅优美，而波斯骈文不能给人以美感。因此最好不用波斯文写作。但是不论你说些什么，都要用高雅、隐晦、简练的语言。作为文书，要清楚了解文章字里行间中所存在的隐喻，以及晦涩曲折的话语。

故　　事

孩子啊！我听说你的外祖父玛赫穆德苏丹曾给巴格达的哈里发阿拉卡德尔·巴拉赫写了一封信，说："请把河外平原①赐给我！请下道圣旨，容我挥动利剑占领它，把那里变成我的一个省。我要向众人宣读圣旨，让众人都遵照圣旨服从于我。"阿拉卡德尔·巴拉赫②回答说："我不能要求全体穆斯林都服从于某人。愿真主保佑！即使我这样做了，假若你不听从我的圣令，我便动员整个世界来反对你。"玛赫穆德苏丹立即恼羞成怒，对哈里发的信使说："你在说什么？难道我还比不上布·牟萨拉姆③吗？这种事

---

① 河外平原，指阿姆河以北的一片土地。现在乌兹别克斯坦共和国境内。

② 阿拉卡德尔·巴拉赫，是阿巴斯王朝时著名的哈里发。于991—1031年当政。

③ 布·牟萨拉姆，霍腊散贵族。因对阿巴斯王朝取代阿姆扬王朝不满而举行起义。玛赫穆德苏丹的意思是：他也有足够的力量反对阿巴斯王朝，而决不会比布·牟萨拉姆差。

我是干得出来的。我可以带着两千头大象,践踏哈里发的京都,甚至可以用象把那里的土驮回卡兹尼。"①苏丹的话包含着严重的威胁。

信使离开后,过了一些天又回来了。苏丹端坐在殿上,陪臣侍奴排列成行,怒象站立在殿门两侧,近卫军也都持械整装。这时才开始召见信使。信使进殿后,递给玛赫穆德苏丹一卷密封的、用公文纸写就的信件,并讲道:"哈里发说已拜读了你的来信,也知悉你的通牒,他的答复都写在这封信上。"

这时宫廷事务大臣哈吉·布·纳赛尔·牟士康伸手拿起这封信,启封后便开始诵读。信的开头是这样写的:"奉至仁至慈的真主之名。"②之后写道:"痛苦,阿列夫③、拉姆④和米姆⑤,"结尾是:"感谢真主,祝愿穆罕默德和他的全家幸福。"⑥除这几句外,再没写其他的话了。

玛赫穆德和他的所有文书们一起研究,书信的这句话到底隐喻着什么?他们把《古兰经》中所有有关阿列夫、拉姆、米姆的章节都读了一遍,并做了解释,仍不能给玛赫穆德以满意的回答。

最后有个叫哈吉·阿布·巴克尔·郭亥斯坦尼⑦的青年,正

---

①　卡兹尼,为伽色尼王朝的京城。现在阿富汗境内。

②　此句原文是阿拉伯文。

③　"阿列夫"是波斯文的第一个字母(A)的读音。

④　"拉姆"是波斯文的第二十七个字母(L)的读音。

⑤　"米姆"是波斯文的第二十八个字母(M)的读音。

⑥　此句原文为阿拉伯文。

⑦　哈吉·阿布·巴克尔·郭亥斯坦尼,后来成为著名的学者和诗人。曾在玛赫穆德的儿子阿米尔穆罕默德的宫中和塞尔柱王朝的宫中任职。

站在苏丹近侧服侍——他还没有坐的资格——说道："陛下啊！哈里发所写并不是'阿列夫、拉姆和米姆'的意思。由于陛下曾用战象威胁过他，还说要把哈里发京都的土驮回卡兹尼，因此他便回答说：'难道你不知道你的主怎样处置象的主人们吗？'[①]这便是对陛下战象的回答。"

我听说玛赫穆德苏丹因此神色遽变，半天也没有恢复正常。他哭得很厉害，流了许多泪。鉴于他对主的虔诚，请求哈里发原谅他。那些话说来就太长了。他赐给阿布·巴克尔·郭亥斯坦尼荣誉衣袍[②]和金制马具，并从此同近侍坐在一起。就这样，只因说了一句话，便被加官晋爵。

故　　事

我还听说：在萨曼王朝[③]时期，在内沙布尔的布·阿里·斯姆朱尔声言："我应是霍腊散的统帅和阿米尔。"他从来不去拜谒国王。但由于当时处于萨曼王朝的末期，王朝衰微，国王对他无可奈何。不得不由他任意颁发指令，铸造钱币[④]和接受纳贡。

---

① 这句话原文为阿拉伯文。见《古兰经》第一〇五章象（斐里）第一节，后几节的译文是："难道他没有使他们的计谋变成无益的吗？他曾派遣成群的鸟去伤他们，用黏土石块攻击他们，将他们变得像吃剩的干草一样。"

② 波斯古代，当某人立功或被任命为宰相、大臣等较高级的官员时，便被赐予荣誉衣袍。

③ 萨曼王朝是在 874 至 999 年，于当时波斯的东北、北部、中部建立的王朝。现今大体在伊朗的霍腊散和塔吉克斯坦共和国、土库曼斯坦共和国、乌兹别克斯坦共和国范围内。

④ 只有国王才有权铸造钱币，钱币上有国王的头像。

侯章城^①有个布道者叫阿卜杜勒·贾巴尔侯章尼。他既精通教典，又多才多艺，并且还是个很有见解、文笔娴熟的雅儒。布·阿里·斯姆朱尔把他从侯章召来，让他担当随身文书的职务。他十分称职，工作能力极强，斯姆朱尔没有不找他商议的事情。

阿赫玛德·本·拉夫·阿勒雅古比是霍腊散阿米尔^②的随身文书。他是一个学识渊博、尊贵富有的人。他对整个河外平原的事情无所不晓。阿赫玛德·本·拉夫与阿卜杜勒·贾巴尔·侯章尼友谊甚笃，虽不能自由交往和会见，却能互相通信。他们都很钦佩对方的才学。

一天，霍腊散宰相对阿米尔说："假若阿卜杜勒·贾巴尔·侯章尼不是布·阿里·斯姆朱尔的文书的话，布·阿里便会一筹莫展。布·阿里的桀骜不驯都是由于阿卜杜勒·贾巴尔在做参事。你应当写信给布·阿里说：'假若你服从于我，愿做我的仆臣，那么当你收到此信后，请立刻杀死阿卜杜勒·贾巴尔，将他的首级装在提包中，通过这个信使转交给我，以此考验你是否对我忠诚。我们很清楚，你有什么事都找他商量，对他言听计从。假若你不按我所说的去办，我作为霍腊散的阿米尔，将亲自率领大军对你进行讨伐。'"

他们设计完了这个阴谋以后，还商定这封信由阿赫玛德·本·拉夫亲笔书写。由于阿赫玛德是阿卜杜勒·贾巴尔的朋友，他必然派人去送信，向他透露此情，阿卜杜勒·贾巴尔便会逃离。

---

① 侯章城是位于内沙布尔附近的小城。

② 霍腊散阿米尔，指萨曼王朝的国王。

因此,霍腊散阿米尔便将阿赫玛德·本·拉夫召来,对他说:"你就此事给布·阿里·斯姆朱尔写一封信。由于阿卜杜勒·贾巴尔是你的挚友,三天之内你不能离开此宫,也不能同你的任何手下人接触。假若此事没有办成,我就认为是你走漏了风声。"阿赫玛德毫无办法。传说他边写边哭,并且自言自语地说:"但愿我不懂得书写,以使这样博学的朋友不会由于我写的信而遭杀害。面对此事我计谋全无。"最后,他记起了在《古兰经》中至高的真主的话:"敌对真主和使者,而且扰乱地方的人,他们的报应只是被处以死刑,或钉死在十字架上,或把手脚交互着割去,或驱逐出境。"①他暗自寻思:"阿卜杜勒·贾巴尔还不知这件机密,不会想到这段经文的含意,我须尽到一个做朋友的责任。"他写好了信,在信封上写上名字。之后,在信封的一边写上"阿列夫",另一边写上"农",连起来即读"安"②意为"死刑"③。这封信是要交给霍腊散阿米尔审阅的。但谁也不会注意信封是如何写的,甚至连一眼也不看。

阿米尔把信读了一遍,封好信封,交给赶骆驼的人,④但并不向他说明详情,只说:"把这封信递交给布·阿里·斯姆朱尔。之后,你把他要转交给我的东西带回来。"

阿赫玛德·本·拉夫被软禁了三天。三天后回到家里,心情十分忧郁。

---

①　这段的原文是阿拉伯文。见《古兰经》第五章《筵席》(马以代)第 33 节。阿赫玛德想起这段经文,目的是想使阿卜杜勒·贾巴尔了解自己的危险处境,不是指阿卜杜勒·贾巴尔犯有罪愆。

②　"阿列夫"即"ا"的读音,"农"即"ن"的读音,连起来即读"安"(اں)。

③　此句原文为阿拉伯文。

④　当时送信的人都是骑行走快速的骆驼。

赶驼人到达内沙布尔后，立即求见布·阿里·斯姆朱尔，把信递交给他。按照礼节，布·阿里吻了吻信，并敬祝霍腊散阿米尔的健康。当时参事阿卜杜勒·贾巴尔正坐其侧。布·阿里便将信交给参事说："将信启封，读一读吧！"阿卜杜勒·贾巴尔拿到信后，看了一眼信封，刚要开封，看到信封边缘上的"阿列夫"字母，而另一边缘则写着"农"字母，他立即联想到《古兰经》中"死刑"的话，领会到这封信的意图是要杀他，于是把信原封不动地放下，并立即用手捂着鼻子。意思是说：我突然流了鼻血，洗一洗便来。他离开布·阿里以后，捂着鼻子径直出了大门，找到一个地方藏匿了起来。布·阿里等了他一会儿，不见回来。便对手下人说："叫他快些吧！"但去找参事时，却已不见他的踪影。经查询，知道他并未骑马，而是徒步走出宫门。他并未回家，无人知道他的去向。

布·阿里·斯姆朱尔下令道："唤另外的文书来读一读吧！"于是信被拆开，当着赶驼人的面诵读。人们一听书信的内容，都惊呆了：究竟谁向他通风报信，将信的内容告知他的呢？布·阿里·斯姆朱尔虽然心中窃喜，但当着赶驼人的面却露出愁容，下令通告全城。阿卜杜勒·贾巴尔暗地派人通知布·阿里说："我正在某地。"布·阿里十分高兴，连连感谢至高的真主，并转告他："暂蛰居那里不动。"

过了几天，布·阿里好好款待了赶驼人一番，写了封回信，说明了详情，并发誓说："实在查寻不到他的下落。"霍腊散阿米尔无可奈何，却又惊异不止。于是又写一书信，封好，送去。信中保证说："我准备赦免他，但他必须说出怎么知道了信的内容。"

阿赫玛德·本·拉夫说道："你若能宽宥我，我可以说出。"霍腊散阿米尔答应宥免他，于是他便讲述了事情的原委。霍腊散阿米尔宽恕了阿卜杜勒·贾巴尔，并把信索回，以看其暗号。信取回后，看到确有阿赫玛德所说的记号。人们都为他和他的朋友睿智多学惊叹不已。

作为文书应当具备以下的条件：总是在国王的近侧，随叫随到；有丰富的工作经验；思维敏捷，记忆力强；要寻根问底，每事都记——不论是否对你下达命令。

应当熟悉宫内每个人的情况，对每个官宦的工作态度都了如指掌，并能提出询问。要能述说每件事情的详情。

假若当时你还不宜于做某项工作，可以推到另外的时间着手。但是你不要讲给他人听，除非不得已时才这样做。

不要明目张胆地去调查大臣们的事务，但是对他们的工作要心中有数。

要能妥善筹划，要安排好调查研究、处理公文等各项工作——这是做文书的艺术。

作为文书最要紧的事项是守口如瓶。决不能向外声张主上的秘密。要了解主上的每一项具体工作，却又不多说一句话。

假若你擅长书写，能写出各种笔体的字，这是一种十分有用的本领。但是不要显露给任何人，让人们知道你能仿写他人的笔迹。因为假如有人有意仿写了他人字体，而又查寻不到出自何人手笔，便会赖在你的身上。那时你便会丧失主上的信任。不要为一些微不足道的事去仿写他人的字体，以假乱真只能用于有重大利益所在的关键时刻，而且不要在做了此事之后受到其他人的怀疑。许多位尊才高的文书就是因为假造了大臣们的字迹而遭杀害。

故　　事

听说拉比·本·牟塔哈尔·卡斯里是萨亥伯[①]宫廷中地位尊贵的文书，很善于仿写他人的字体。这件事传到了萨亥伯（祈真主赐福于他）的耳朵里。萨亥伯不知该如何处理：由于文书聪敏过人，饱学博识，既不能杀死他，又无法当面指责他。他百般思索而仍无良策。

恰在这时萨亥伯身有不适，人们都来看望他，拉比·本·牟塔哈尔·卡斯里也在其中。他们依照惯例，在萨亥伯周围坐定。问萨亥伯："你有何感觉？"反问道："指哪些方面？"于是便具体地问道："饮什么酒？"答道："某种酒。"又问："吃什么食品？"答道："和你们一样，即'牟兹瓦尔'[②]。"文书立即领会萨亥伯所指，便说："陛下啊！我向你发誓：今后再也不那样做了。"萨亥伯说："既然你决心改过，我便宽宥你，免去对你的处罚。"

所以假造字迹，可是一件大事，应注意避嫌。

我不能对每种行业，每种工作都述说一遍，这样做一来冗杂，二来会冲淡主要方面，但是我又不能一点不涉及。我所谈及的每一个问题，你都应当洗耳恭听，并要认真思考，得到启发。因为灯

---

① 萨亥伯，见本书第 46 页注②。
② "牟兹瓦尔"是个双关词。它既是一种粥的名字，又作"伪造者"解。

多自然明亮。

假若崇高的主对你厚慈,使你由文书晋升到大臣,你便应了解做大臣须具备的条件,应朝着什么方向去努力。

第四十章 论做宰相

作为宰相，应当心中有数、善于交际。对于主上要忠贞不贰。为人公正，不要遇事先替自己打算。这会像人们所说："谁若事事为自己，定会事事不如意。"①结果你什么都不会得到，即使得到，也会失掉。相反，假若你开始时并不为自己着想，最后却能得到好处。

对于国王的东西须妥善保存。即使想吞掉，也不要咽下，而须留在喉咙处。

应当发挥下级官僚的作用。这就像羊肉若不用火烧，便做不成烤肉一样。假若你连一个旦戈的好处也不给人，你便得不到一个达拉姆收益。即使你得到了，别人也不会保持沉默。

正像应对国王尽忠那样，对军队则应以诚相待。不能克扣军饷——不能把已经给他们的肉，从他们嘴里再掏出来。这样对你的肚子无济于事，而害处比所得之益要大得多。军饷微不足道，却会引起军队与你为敌，变成主上的敌人。假若你想生活富裕、财富增多，就应首先把贫穷的国家建设得繁荣富强。这会比克扣的军饷强十倍。真主的子民的生活也会得到保障。

---

① 此句原文是阿拉伯文。

故　　事

听说有个波斯国王对自己的宰相生了气,免了他的职,而任命了另外的人。国王对被免职的宰相说:"我赐你一座庄园,以使你和你的家庭生活安逸,颐养天年。"宰相说:"请不必再赐惠于我。我所需要的一切,陛下都已恩赐,用不着再给另外的庄园了。假若可怜我,那么就在国内找一处荒凉的小村赐我吧! 我将穿着褴褛的衣服在那里安家落户,进行开发,靠地租为生。"于是国王便下令拨给他几座荒芜的村落,让他去居住。但是仆臣们踏遍全国,却找不到一寸荒芜之地。只好禀报国王说:"全国没有一处没得到开发,无以可给。"这时被免职的宰相对国王说:"陛下啊! 我本知在我的治理下,已找不到荒凉的地方了。但是既然你把国家已交给另外的人管理,那么有一天当你收回这个权利的时候,但愿也能像我那样,所交还给你的仍然是个繁荣昌盛的国家。"国王听完此话,内心愧悔,深觉歉疚,赐他荣誉衣袍,仍任命他为宰相。

作为宰相应办事公道,并致力于国家昌盛。以使你说话理直气壮,遇事不慌。哪怕军人暴乱,胁迫国王削减你的权力,也不能达到目的。

你永远不要恶待军队,不要错误地去克扣军饷。并且要劝谏国王应善待军队,取信于军队。应把土地赐予农民,修明政治,繁荣经济。须知,治理国家若能依恃军队,军队就能保住金钱。金钱能够用来投入建设。

此外,不要忽视正义和公道,既要从事建设,又能办事公道。

即使你十分忠诚、廉洁,也要永远畏惧国王。谁若对于国王无所畏惧,便做不了宰相。不要因国王年纪尚幼便对他蔑视。幼主如同雏鸭,雏鸭游泳不学自会,幼主则随着时间的推移,亦能了解你的善恶。假若国王年长成熟,不外乎出现两种情况:睿智或愚鲁。睿智者当发现你有不忠的表现后,便会用妥善的方式削掉你的权力。而愚鲁者则会以相当粗鲁的方式将你免职。睿智者可能保全你的生命;愚鲁者则会治你死罪。

不论国王到哪里去你也不要同他分开,让他单独一个人活动,给你的仇人以在他面前说你坏话的机会,使他根本动摇对你的看法。见到国王时应予问好。随时了解他的情绪,千万不要对此掉以轻心。对国王的所有侍从都应和蔼可亲,以使他们也能为你办事,从他的亲信那里了解他的一举一动。要对他的每一个询问都圆满作答。即:对每一种毒素都有相应的抗毒素来解。

还应及时了解世界各国国王的动态,明确谁是你的朋友,谁是你的敌人。应当有人不断向你提供情报,以使你的主上不会把酒误作水饮。为做到这一点,就应像对本国那样,对其他各国都了如指掌。

故　　事

听说在法赫尔·杜列①时期,萨亥伯·伊斯玛依勒·阿巴德(祈真主悲悯他)有两天没有进宫。他既没有亲自上朝,也没有派

---

①　见本书第 146 页注①。

人代替他来。情报员把这情况报告给了法赫尔·杜列。于是他便派人去萨亥伯那里，转告说："我听说你心情不快，便很挂念。假若你有不畅之事，应在上朝时当面述说，我们将尽力相助。假若你对我们心存不满，也应直言相告，我们当表示歉意。"萨亥伯说："真主保佑！我在为陛下担忧。但现在国家平安无事，主上亦安然无恙，我的忧虑也就顿然消失了。"

第三天，他高高兴兴地来上朝了。法赫尔·杜列问他："你在担忧什么呢?"萨亥伯回答说："我在卡什喀尔①的情报员来信说：'我看到哈冈②在同某个统帅秘密商谈，但不知所谈内容。'我为此忧虑得饭也吃不下。土耳其哈冈在卡什喀尔所说的话，为什么我们一无所知呢？直到今天我才收到一信，信中专门写了谈话内容，我才放了心。"

应当及时了解世界各国国王的动态，以分清敌友。并把情况汇报主上，使主上满意你的工作。

任何工作都要交给称职的人去办，而不要为了私利交给横行无忌和懒惰懈怠的人。也不要把工作交给举止轻浮、贫穷潦倒的人。他们往往只顾自己而不顾工作，致使你的期待落空。但是如果为他们准备好必要的条件，使他们不再考虑自己，也能顺利完成你交给的工作。难道你没看到过灌溉耕地和菜园的情景吗？假若渠道潮湿或有剩水，不用多少时间水就能流到耕地和菜地。而若渠道十分干润，便要费时长久。因为水首先要渗进、湿透、饱

①　卡什喀尔，是土耳其中部的一个省。
②　"哈冈"为突厥文音译，意为国王。

灌渠道后,才能达到庄稼地和菜地里。贫困的人就像干涸的河床一样,总是先将自己灌饱,然后才做你交给的任务。

再有,你应使自己的命令带有权威性,任何人都不敢随便对抗。

故　　事

据说阿布·法兹勒·巴拉米①任命萨赫勒·侯贾迪为撒马尔罕②的财政局长,赐予他荣誉衣袍,交给他发号施令的权力。当他要走马上任的那天,来到宰相官邸告别,并请赐指示。当行礼寒暄、相互问好以后,便要求单独交谈,敬请赠言。于是宰相下令让侍从们暂时回避。萨赫勒说道:"祝愿阁下身体康健! 我作为你的奴臣将前往就任。由于身在其位,将不断接到上级的指令。请阁下对奴臣赐言:应当怎样执行这些指令? 哪些不要执行,哪些必须执行?"阿布·法兹勒·巴拉米说道:"萨赫勒啊! 你问得很好。看来你对此事思考了很久,并且也逼得我们和你一道思考。但是我还不能立即回答你,请你再等几天吧!"于是萨赫勒便回家了。这时巴拉米便立即任命索里曼·本·雅黑依·切冈尼为撒马尔罕的财政局长,并赐给他荣誉衣袍,由他去行使职权,让他即刻走马上任。之后对萨赫勒下令说:"一年之内不要离开你的家。"这样,萨赫勒就被软禁在布哈拉③的家中达一年之久。

① 阿布·法兹勒·巴拉米,萨曼王朝时的宰相。892年开始上任,941年去世。
② 撒马尔罕,波斯古代的名城,现在乌兹别克斯坦共和国境内。
③ 布哈拉,见本书第18页注①。

一年之后，巴拉米把他召来，对他说道："萨赫勒啊！你怎么能认为我们会发布真、假两种命令呢？世界上的统治者历来都是用利剑教人服从。你从何看出我们曾愚蠢地教导自己的奴仆们桀骜不驯，说：可以不执行我们的指令呢？凡我们的指令都要执行。若不须执行，也就不发布了。既然我们发布了命令，对任何人就都带有强制性。我们身在其位，便有这个权威。你把我们看作软弱无能的人，认为可以不执行我们的指示，我们也就只好罢免你了。这正是为了使你认识到：对于执行我们的指示和命令，决不能打折扣。"

因此，假若你身居高位，定不能视上谕为儿戏。同样，谁若不认真执行你的指令，你便判他违抗政令罪。这样才能确保你的玉玺的威力，只要有你的签署，任何人都会立即执行。不论是国王的圣旨，还是大臣们的指令，若都能坚决贯彻，不打折扣，维护其命令的威严性，才能保证从上到下机构畅通。

不要饮酒。饮酒会使人轻浮懒散，神志不清。祈真主庇护那些疏忽大意、糊里糊涂的大臣！假若国王整日宴饮逸乐，大臣们也都安然陪伴，那么国家势必很快衰亡。

为了使你和主上顺利地行使权力，应遵照我的教导去做。大臣应是社稷的卫士。假若卫士还须让他人卫护，就很不光彩了。

你若没有被任命为宰相，却担当了统帅之职，就应当知道怎样做统帅。祈真主护佑你成功！①

---

① 此句原文为阿拉伯文。

第四十一章　论做统帅

　　假若你做了统帅,必须善待部下,对于军队不仅自己要倍加爱护,也应请求国王同样如此。作为统帅又必须威严、善于领兵、谙熟阵势。在战斗中,应派遣久经考验、经验丰富的老将率领部队的左后翼和右后翼,派遣最勇敢的将领和最精锐的部队对左前翼和右前翼的部队进行支援和掩护。即使敌人弱小,也不要轻视。对于弱敌也不能麻痹大意,而应当作强敌对待。在战争中不可鲁莽行事,愚鲁会葬送自己的军队。也不要胆怯畏惧,怯弱会使自己的军队遭到失败。不要忽略派遣侦察员刺探敌人的动静,不论白天还是黑夜都不要疏忽派人巡逻。

　　在与敌人对阵之日,当目视敌人并与之遥遥相对时,要带着轻蔑的微笑对自己的部下说:"他们不像一群癞皮狗吗?用不了一个小时,便都会在我们手中丧命。"不要把军队一股脑地全部往前赶,应该一个番号一个番号、一个梯队一个梯队地派遣。对于师长、团长要一个一个地点卯、派出,对他们下令说:"某人!你带领部队……;某人!你带着部队也……。"要将能与你一起上阵杀敌者留在身边。对那些骁勇善战者、击毙敌人者、击伤敌人者、不幸受伤者、擒敌骑兵者、获敌战马者、取敌首级者,以及立有其他战功者,均论功行赏。凡应予赏赐的荣誉袍,应供给的生活必需,均要兑现，更不得克扣所奖财物——决不得以此卑微行径企图达到你一己私利的目的。这样就能使全体将士从中得到鼓舞，士气高昂，勇往直前，夺取胜利。

假若战事比预料的顺利，当然最好，但不要急躁，要稳住阵脚。作为主帅不要轻易亲自上阵，除非战局已到岌岌可危时。当需要你亲自出马上阵时，要英勇进攻，决不后退。要勇猛，再勇猛！有压倒敌人的勇气，要不惧死亡。一个视死如归的人，任何挫折也不能懈怠他的意志。你不要去学花剌子模①的将军们（祈真主给他们大慈大悲②）。阿斯加迪③在玛赫穆德战胜他们后，写道：

> 敌军的统帅被我军的勇猛吓呆，
>
> 敌军的士兵也因此瓦解溃败。

在得胜之后，即使敌人伤亡惨重，溃不成军，也不要过分追击。我的父亲大阿米尔（祈真主慈悯他），从不盲目追敌。他也不对其他人下达这样的命令。他在熟悉兵法方面是出类拔萃的。玛赫穆德苏丹（祈真主慈悯他）也像他这样，从不追赶败敌。他曾说："当溃退之敌走投无路，会拼死抵抗。不要同怀必死之心，背

---

① 花剌子模，中亚基发一带，于1127—1231年建立的王朝。《唐书》称为"货勒自弥"。

② 此句原文为阿拉伯文。

③ 阿斯加迪，十一至十二世纪的波斯诗人。下面的诗句出自他的一首献给伽色尼苏丹玛赫穆德的颂赞诗。当时他打败了花剌子模军队，这两句诗描写出败军情况。

水一战者交战,以避免不必要的伤亡。另外,在战场上,你不但要考虑到如何进攻,还要考虑到如何撤退。所以,当进军的时候,应公开鼓动;而撤退的方式却只内心筹划。"你不要忘记他的话。

我在另外的地方也谈到过战争问题。这里我重复一遍:"当你进入战场之后,假若发现地势对你不利,比如在你后面哪怕一步之遥,便是有利的地势。你要注意:不要为这一步而后退,因为在战场上,哪怕退后一步,那也可能使你造成失败。要永远向前移动,而决不后退一步。若想使你的部下对你誓死忠贞不渝,你就须给他们以恩惠。假若不能封官许愿,赏赐金钱,那么就须在烤饼、酒肉方面多加招待,并对他们多说些慰藉的话语。哪怕只有一块烤饼、一杯佳酿,也决不背着部下独享,而应把烤饼掰开平分。因它不像金银似的不好分开。应当保持部下高昂的情绪,假若想使他们甘愿为你卖命,你就不要吝惜你的烤饼。虽然成败都由至高的真主主宰,但是这种主宰正是体现在你的指挥得当,善于用兵之中。"

假若至尊的真主对你厚慈,把你推上国王的宝座,你就应当懂得如何做国王。

第四十二章　论做国王

假若你是国王，就应笃诚清廉，不要觊觎民家妻女。应当保持圣洁，圣洁源于对信仰的虔诚。

做任何工作都应听取智者的诤谏。不论什么工作，在做之前应先同智者商讨。国王的宰相应当睿智博学。遇事不要急躁，应先找宰相研究。在做任何事情之前，要先想到退路。工作若还未经冷静思考，不要急于着手。

不要助虐赞恶，一切行为、言论都以正义的眼光去审视。应倾听正义的谏言，以便对于各种事情都能分辨是非。假若国王听不见正义和明智的声音，也就不会有辨别是非的眼光。

所说之话应当永远是珠玑真言。要谈吐有致、态度严肃，以使臣民在你面前不敢放肆。常言道："对国王来说，最糟糕的是：侍奴们为所欲为；仆臣们不听御旨；而有功之人又得不到应得的赏赐。"要维护尊严，在臣民面前不要轻易抛头露面，而降低身份。

应给予至圣的主的子民以慈悲。切勿对刁恶者仁慈。不要给予刁恶者善赏，但处置他们时却应有分寸。对待宰相尤应如此。

当然，在宰相面前不要显得头脑简单，只会盲目地听信他的意见。凡他所讲之某人某事，应耐心去听，却不盲从，而说："待我了解后再做处理吧！在做调查研究后，就可明白：你的意见是恰当的,还是只考虑了一己之利。"当你把一切都了解清楚之后,便应作答,以不使他认为你是软弱的。

〔假若你年纪很轻,应委任一个见多识广的老人为宰相。切不要任命年轻人。人们常说:"应启用老将统率三军。"因为年轻人毕竟还太嫩,哪怕他聪明能干。假若你已年迈体衰,力不从心,就应让老人把相印移交给干练的年轻人。假若你很年轻,又任命一个年轻的宰相。你的火气正盛,年轻宰相更会给你火上加油。这样大的"火",势必会"烧毁"国家。

此外,宰相应当看起来俊美。不论老年还是壮年,都应身材魁梧,气宇轩昂,相貌堂堂。而不能又瘦又弱,身材矮小。作为宰相还应有浓密的长须,因为稀疏的短胡看起来很不庄重。

故　　事

据说托戈拉勒苏丹(祈真主慈爱他)欲任命霍腊散的一个智者为宰相,最后确定为法拉依。他的胡子既多且长,能垂至肚脐。人们拜见了他,向他下达御旨,说道:"我们要尊你为宰相,由你来治理国家。我们实在找不到比你更合适的人了。"智者法拉依道:"请转告苏丹,祝愿他福寿千年。作为宰相,应具备许多条件。而我除长髯外,别无其他长处。不能因我有长髯真主便赐给我尊贵。这个宰相之职,应让其他人担当。"①

---

① 这几段根据荷兰里丹图书馆所珍藏之《卡布斯教诲录》手抄本(抄于 1319 年)补译出。

不论你委任谁为宰相，都应使他有职有权。绝不能有名无实，使你的委托和国家事务都落空。你还应善待他的亲信及友人，给他们恩宠慈爱、优厚待遇，而不对他们直接下令。但是决不能开门揖盗，不能允许宰相只是为他自己的亲友考虑，宁肯损害你，也要保护其亲友的利益。不能当他的亲眷因蹂躏百姓而犯下累累罪恶时，便轻易原谅；而其他人所犯罪愆哪怕只是他们的百分之一，也要严惩。

不要怜悯盗贼。不要赦免杀人犯。假若你不让杀人犯偿命，便会促使杀人犯再次作案。但是却应慈爱仆民，使他们免受恶人的伤害。国王如同牧人，仆民如同羊群。假若牧人不去怜爱羊群，他们就难免不会受到恶狼的侵害。

不要轻信别有用心的人。但应使每个人都有事可做，并能从中得到合法收入。使人们因你的恩泽而生活安定。你也能因仆民的各得其所而悠然恬适。授职予人应表现出你的恩宠。但其职应与其人相适应。你应根据仆从的条件赐给他工作，凡是他干不了的事情，不要下令让他去干。比如：只宜干粗活的人不要让他去斟酒。宜于司库者未必做得了传令官，他们不知怎样传递命令。应像常言所说的："量才用人。"只有这样，才能使吹毛求疵者哑口无言。才不会使你的工作受到危害。因为当你把工作交给某人时，即使他没有能力完成，也绝不会说："我无能为力。"然而他却只图自己的利益，而使工作蒙受损失。为了消除自己的忧虑，只有将工作委托给能胜任的行家。正如诗人所说的：

只有将工作交给内行，

才有获得成功的希望。

当你垂青某个侍从时，不要无缘无故地使他变得尊贵，予他厚惠，任命他不适当的职位，以免被人讥为昏庸。

作为国王，不能允许人们藐视自己，拒不执行御旨。为使御旨通行无阻，国王不能与臣民等量齐观，而应有别。他们一个是发号施令者，一个是执行命令者。

孩子啊！我听说在你外祖父玛赫穆德苏丹（祈真主佑护他）时代有一个总督，名字叫做阿布·法尔芝·伯斯蒂。他是涅萨和巴瓦尔德一带的行政长官。一天，他在涅萨逮捕了一个人，并剥夺其财产，占有其土地，将一切都充公后便投其入狱。

然而这个人千方百计越狱逃走。此人来到卡兹尼后便设法上诉，到苏丹那里去控告那个总督。苏丹便给总督写了封信，让越狱者将信带到涅萨交给总督。总督见信后暗自思忖：这个人不会再去卡兹尼了，便没有重视此事。将书信束之高阁。但受害者却又一次去卡兹尼告状，半路上恰遇苏丹——看到苏丹正从花园里走出来。于是立即鸣冤叫屈，控告涅萨总督。

苏丹说："我再写封信给他。"那人却说："我曾控告过他，陛下已降下圣旨，我把圣旨带去交给了他，他却无动于衷。"苏丹听后，怅然失色，忧虑地说："我已向他传下谕令，他若不照此去做，太不幸了。"受害者说："陛下啊！您的仆臣不听从您的旨意，为何要对我带来不幸？"苏丹说："不，先生啊！这是我的错。是我该死，而不是你。"

于是苏丹立即派遣了两个宫廷侍臣,给涅萨地区的警备司令下了道圣旨,让把所侵占的土地和财产都归还原主,并将总督处以绞刑,把苏丹的信挂在他的脖子上,并让传令员沿街叫喊:"这便是不执行王上旨意的下场。"自那以后,便无人再敢对圣旨掉以轻心了。任何指令都能畅通无阻。只须一句话,事情便可顺利办妥。

孩子啊!在你舅舅①玛斯伍德苏丹(祈真主佑护他)执政的年代,只注重武功、颂扬悍勇,而轻视国家的管理。他每日都同宠妃美女寻欢作乐,不问政事。他手下的军、政大臣见他如此,便都十分骄狂,各行其是,置人民死活于不顾。官兵和仆臣也都为非作歹。

有一天,法拉瓦的某一旅栈的一个女子因受欺压前来控告那里的总督,玛斯伍德苏丹给总督修书一封,交给那女子带走了。总督对此很不以为然,说:"这么个老太婆何时还会再去卡兹尼呢?"

但未料她再一次来到卡兹尼,大喊冤屈,控告酷吏。玛斯伍德苏丹本想再写信给总督,老妇人却道:"上次我把信交给他时,他置之不理。"苏丹说:"我已写信,他不照办,我有什么办法?"老妇人道:"王上啊!办法很简单啊!治理国家必须令行禁止,任何人都不能肆意拒绝执行陛下的指令。这样你便不会作难,真主的奴仆也不会陷入痛苦的困境。"

玛斯伍德闻后深以为然,决定为老妇人申冤报仇。于是下令将总督的首级悬挂在法拉瓦的城门上。自此之后他便醒悟过来,

---

① 由于本书作者是伽色尼王朝玛赫穆德苏丹的驸马,因此玛赫穆德之子玛斯伍德便是本书作者的儿子的舅舅。

勤于政事了。当然,再也无人敢于把他的圣旨当作耳旁风了。

假若国王不能使自己的御令通行无阻,就算不得国王。为了使国王同其他人有所区别,必须区分圣旨和一般的政令。圣旨有绝对权威,政令是治民安邦的措施。为了能治理好国家,就须贯彻圣旨,树立权威。

再有,假若听任军队欺压百姓,国家便不可能昌盛。应当既考虑军队的权益,又照顾百姓的利益。因为国王好像太阳,太阳不能只给一部分人光明,却给另一部分人黑暗。应当教育平民服从军队,而军队保护平民,保障他们的合理收入,使经济繁荣,并维护正义。

国王不要在心中存留邪念。应使正义长在、邪恶消除。因为正义能使国家繁荣,暴虐则会使国家变得萧条。使国家兴隆昌盛者能名芳千古,使国家衰败者则很快被人唾弃。智者说:"凡国家昌明隆盛者源于国王的正义,凡国家衰落颓败者,源于国王的邪祟。"对至圣的真主的子民不能乖戾暴躁、不仁不义。当你对军士和平民施以暴政时,人民和军队也就会唾骂你。你对军队和百姓应给予无边的慈爱。假若你在这方面犯下罪愆,只会有利于敌人。

但军队不要都出自一个民族。国王若只派一个民族的人做军人,到头来可能受到他们的摆布。因为一个民族的人总爱互相抱团,而不会互相监督。而军队若是由各个民族的人组成的,他们便将互相制约,便会由于那个民族害怕这个民族,这个民族害怕那个民族而不敢不服从你的命令,就能使你的命令在军队中畅行无阻。你的外祖父玛赫穆德苏丹(祈真主慈佑他)在常备军中吸收了四千名突厥人，四千名印度人。使得突厥人害怕印度人，印度人害怕突厥人。由于这两部分人互相害怕，因此对他都十分顺从。

每逢喜庆节日，你都应宴请高级军官。应善待他们，正式授予他们荣誉衣袍和佩剑。使他们感到欢欣，而能对你忠贞不渝。当某人欲贪求权力时，虽有所表现，也不要在公开场合指责，而在暗地让人传话。以便不使人觉得你心胸狭隘，不具备一个国王所应具备的宽宏气量，而应使人看到你的雄才大略。

我在卡兹尼居住八年，曾陪同过牟杜德苏丹①（祈真主护佑他）。有三件事我从来未见他做过：其一，他所赐人之剑，其价值均未超过二百迪纳尔；不公开责骂人而采取找人带话的形式。其二，从不裸露牙齿地哈哈大笑。高兴时只是微微一笑。其三，即使对某人十分气恼，不过表示冷淡，而不发火。这是三种非常良好的作风。

我听说罗马国王的作风也与此相同，只是表现形式相异：罗马国王若亲自打了谁一下，谁便终生免刑，任何人便再不能打他。因此人们常说："得让国王打他一顿，他才能免打。"

下面我要着重谈谈慷慨问题。这并不是要你广施厚赐，而是要你不小气吝啬。假若你没有能力广散钱财、予人厚惠，就不要当众许诺。许诺后不去兑现，便会与人结仇。当他们与你有了隔阂，便不能在紧要关头为你拼命，而会成为你敌人的朋友。

---

① 牟杜德苏丹，指沙哈伯·杜列·阿布·法特赫·牟杜德·本·玛斯伍德·卡兹纳维。在位八年多（1040—1048）。

在御宴上不要醉倒。应当注意，不要有损于国王的风度。它由六个要素组成：威严、庄重、慷慨、高贵、沉静、正确，任何一项都不能缺少。而若国王在御宴上昏醉，就难以保持住国王尊贵的形象。

作为国王不要轻视世界上的贤王们的治国经验，假若你对此一无所知，便不配做一国之主。我从我的父亲（祈真主佑护他）——前任阿米尔那里听说过这样一件事：

分　　章

法赫尔·杜列①从他兄长欧兹德·杜列②那里逃跑之后，找不到栖身之地，便来到我祖父卡布斯·本·瓦士姆吉尔（祈真主佑护他）的宫中要求避难。我的祖父不仅庇护他，而且对他十分慈爱宽厚，还把我的姑姑许配给他。他们对这门婚事都非常满意。所以我的祖母也就成了法赫尔·杜列的岳母。

欧兹德·杜列往沙姆斯·玛阿里③那里派遣了一名特使，递交了一封书信。并且说道："欧兹德·杜列向陛下热情地问候，他说：'我的兄弟阿米尔·阿里④来到您这里，您知道咱们之间友谊深厚，亲如手足，关系密切，犹如一家。而我的这个兄弟是我的仇敌，您必须把他引渡给我。作为交换条件，我将按照您的意愿割

---

① 法赫尔·杜列，见第 146 页注①。

② 欧兹德·杜列，是白益王朝最著名的国王。死于 993 年。

③ 沙姆斯·玛阿里，即指作者的祖父卡布斯。

④ 阿米尔·阿里，指法赫尔·杜列。

让一块土地给您,以使我们之间的友谊更加牢固。假若您害怕败坏自己的名声,也可以把他就地毒死。这样做既满足了我的要求,又能保住您自己的名声,同时还能得到一块领地。'"

阿米尔·沙姆斯·玛阿里说道:"伟大圣洁的真主啊!① 他这样受人尊敬的人怎么能同我说这样的话呢?这件事将使我名誉扫地。"但特使却说:"陛下啊!请不要把欧兹德·杜列的谋划透露给阿米尔·阿里,也就是法赫尔·杜列!我们国王和您如同亲生兄弟,是您最真挚的朋友。他把信一写好,就让我立即登程,并发誓说:'伟大的真主可以作证:我十分崇敬阿米尔·沙姆斯·玛阿里。听说他某月,某星期,某日去洗澡,在更衣室脚下一滑,跌倒了。我心中十分挂念。'又说:'难道他才四十岁就年迈体弱,力量衰竭了吗?'我被委派做特使,也正是要您知道:我的主上对您是多么关心。这是欧兹德·杜列的叮嘱。"

沙姆斯·玛阿里说:"祝他万寿无疆!对他的友善我表示感谢。我对他也同样惦念。听说他在某月,某星期,某日,在你已出发来这里之后,夜晚他在某个行宫饮酒作乐,之后到某处去睡觉,同一个斟酒的佳丽交欢。到半夜时他起身来到嫔妃们的住处,爬到屋顶上偷听美姬弹琴,也欲同她寻欢作乐。但是当他从屋顶上爬下来时,脚下一滑,从梯子的第二根横木上跌落下来。由于我也很关心他,当时便说:'怎么他刚刚四十二岁头脑就不清楚了吗?一个四十二岁的男人,为什么喝了一点酒,就连梯子也下不来了?半夜三更的他若不穿来穿去。这事不就可以避免了吗?'"

————————————

① 此句原文为阿拉伯文,是表示惊讶时的祈语。

他借此把自己的态度通知给了那个特使。

当然，应当掌握世界各国国王的情报，但更应当了解自己的国家、自己的军队和人民的情况。假若对本国都一无所知，就很难更多地了解外国了。

故　　事

孩子啊！在你舅舅①穆杜德·本·玛斯伍德（祈真主佑护他）执政的时候，我来到卡兹尼。他对我极为热情和尊敬。每天来探望我并向我请教。过了不久，他把自己的侍从派来陪伴我，一刻也不离开。不论有没有另外的陪客，总是好酒好饭地招待我。

一天清晨他正饮酒时，要召见军政大臣。人们都来拜见、恭候听旨，事毕即退。他看到阿卜杜勒·拉扎戈·阿赫玛德·本·侯森·侯建迪阁下②（祈真主护佑他）也在场，便邀请一同饮酒。这时情报员来求见，交给小太监阿里一封便函。阿里转递给苏丹，苏丹边饮酒边看信函。读完后转向宰相，说："该打这个情报员五百大板，以便教训他不能再写这么简单了。在这便条上写着：'昨晚在卡兹尼有一万两千户人家做菜粥吃。'我不清楚这是指谁家，他们住在哪条街、哪条胡同。真是想怎么写就怎么写。"

宰相说："祝愿王上万寿无疆！这是在综合后又简化了才写

---

①　实际是"表兄"，即舅舅的儿子。因为牟杜德的父亲玛斯伍德是本书作者妻子的哥哥。

②　阿卜杜勒·拉扎戈·阿赫玛德·本·侯森·侯建迪，是伽色尼王朝的著名宰相。

出来的。假若详细记述，能写成一本厚书，一天也读不完。就拿菜粥来讲，就有各式各样的。请王上以宽大为怀，原谅他这一次。以后让他不要写得太笼统了。须写明哪一家、户主叫什么。并详细记述：某人在某地同某人吃了某种食物。"

于是苏丹说："那么这次就宽恕他，但以后必须按照宰相说的来写。"

要随时掌握军情、民情。对于国中之事决不能掉以轻心，尤其是对于宰相。不要把什么事情都讲给宰相，以至于将你的生命财产托付于他。如果忽视了他的工作，无异于忽视了自己的生命财产。

对待同你地位相当的世界各国的国王，若为挚友，不要半心半意；若为仇敌，则只看作表面的敌人，即公开是仇敌，但从你的内心，则不要将其视为敌人。

据说亚历山大欲出战敌人，人们诤谏曰："国王啊！我们的敌人警惕性不高，不如对他偷营夜袭。"但是亚历山大却说："靠偷袭取得的胜利，算不得堂堂正正的国王。"

作为国王应当胸怀博大。因为国王比所有人都伟大，所以他的所言所行都应超出常人。以使他的伟大之言行，符合其伟大之尊称。不应像法老①（祈真主责骂他）那样。鉴于他的主②恩赐他崇高的地位，授予他圣洁的尊名③，他才说出一句至理名言，否则

---

①　法老是古代埃及君主的称号。这里专指与摩西同时代、压迫希伯来人的那个法老。

②　这里的"主"是指法老所信仰的宗教中的上帝。下句"我是你们至尊的主"中的"主"，意指人民的主宰者。

③　此句原文为阿拉伯文。

人们怎么会传诵他呢？法老（祈真主责骂他）说："我是你们至尊的主。"①每当人们诵读到《古兰经》的这一节时，就必然想到他的名字。这句名言正是出自于他；我曾说过：国王若胸无大志就会有负众望。

此外，签署惠赐应庄重、豁达，不要猥琐、小气。不论恩赐尚方宝剑、金银珠宝，还是分封领地，都应持此态度。只要不是明显地胡乱签署，就会使所有受惠者都感到满意，从而对国王感恩戴德。这些便是国王的气度。而这种气度不为常人所具备。我甚至可以将所说的这些写成一部厚书。

假若你凑巧要选择另外的职业，比如农民或手工业者，就应了解这些职业所应具备的条件，怎样做才能获得裨益，使你日趋完美。祈真主使你一帆风顺，把你引上正道。②

---

① 见《古兰经》第七十九章急掣的（那寂阿特）第 24 节。

② 此句原文为阿拉伯文。

第四十三章　论做农民或掌握任何一种手艺

假若你做农民，就须谙熟农时。不论种植什么，都不要耽误农时。宁可提前十天也不拖后一日。要准备好农具和耕牛。要买良种牛并备好草料。牛不仅要准备好两头，还须有另外一头作后备。以便当病倒一头后，不会影响耕作，而延误农时。只要不是播种和收割的忙季，就应该经常翻松土地。并且要能在今年做好明年耕种的准备。种播得多，管理得好，收获也就丰富。假若土地打不出粮食，你也就不会有什么收益。只有辛勤耕作，你才能获得丰收。

假若你搞手工业或做买卖，不论做什么，都要做得又快又好。以便受到顾主的欢迎，使顾主日益增多。你应使自己的工作做得超过自己的同行。你不要嫌弃利润微薄。为能赚得百分之一百一十的利润，就须付出两次只赚百分之五的代价。要耐心地同顾客讨价还价，不应过于固执。这样你才能依靠此业为生，争取更多的人同你交易。

不论你卖什么东西，都要尊称顾主"好朋友"、"亲兄弟"、"先生"、"老爷"。要说话和气、待人谦恭。当顾主看你态度和善，也就会不好意思同你还价，你的目的也就达到了。你若能按此而行,顾主必然很多,使其他商人嫉羡不已,你也就驰名市场了。

不要对顾客说谎,也不要表现得很小气,而应当有什么说什么。对于你手下的人要热情帮助。对比你强的人应主动求教,但态度要落落大方。对于妇女和儿童不应多要价。对于陌生人不要欺诳。对于见人带羞,不会讨价还价的人应价格优惠。对于笃实正直的人应善意相待。对于国王应当尽忠,但服侍时则要稳重谨慎。对待同伙不要背信弃义。对待任何工作都不要虚假马虎。对待任何人,不论是否内行,都应始终态度如一,注重信誉。即使你有巨资,也应珍惜钱财,不随意借贷。应该发誓决不说谎。不要放高利贷。不要强制成交。假若借贷给穷人,当了解到他们无钱可还时,不要总去逼债。不要对他们蛮横粗暴,而应与人为善,以期得到至尊的真主的护佑,使你福运亨通,买卖兴隆。

任何手艺人也应如此。谁若能做到我所说的这些,便是佼佼出众者。这种人也可称之为高尚的人。

怎样做才叫品德高尚呢?我在最后一章中要详细说明。祈至尊的真主降恩于我!

第四十四章　论品德高尚

　　假若你想成为一个高尚的人，却不知什么叫高尚，也不知如何培养高尚品格，那怎么行呢？

　　孩子啊！你知道：有三种禀赋并非每人都具备。你应以此对照自己，看自己是否具备了。虽然这三种禀赋至圣的真主只赋予少数人，但所有的人——不论这些禀赋具备多少，都应感戴至圣的真主。这三种禀赋即：一是智慧，二是诚实，三是仁慈——凡具备者，则是真主的骄子。你可以看到：真主只是训教人类应当智慧、诚实、仁慈，不应当虚伪、奸诈；而对动物则放任不管。因为动物不可能具备这三种品质。然而多数人仍然是思想迟钝、心地不良、粗野邪恶的。

　　当至圣的真主，将分散的人集中在一起后，既可把他们视为整体，又可把他们分成许多部分。你知道：世界是由天空、星体、物质、分子、现象、精神、理性等各种事物所组成的。而它们又是分别存在的。人正是属于这个世界。造物主把所有这些事物综合在一起，并在它们之间建立有机联系。

　　世界的这种现象在天空和四大要素（合为五种要素）中也可看到。它们互相联系，却又互相矛盾。比如：火和水，土和气都是相抵触的；但土却是火和水的媒介。土在干燥时同火相符，而当阴冷时同水相合；水在冰冷时同土相符，而其柔和同气相似；气浮动时有如水流，而当温热时同火类似；火的性质似以太①；以太在辐射时，则像太空、星辰之王——太阳，所以太阳是第五种要素的核心。

从哲理的角度来看，物质同精神相关联，精神又同理性相关联。而决定物质本质的，则是物质本身所包含的要素。若不是这样的话，整个链条就会紊乱。这个链条即：要素连着空间，空间连着物质，物质连着精神，精神连着理性。以此类推。

作为人，不论有多么愚笨，都超出了五种要素的简单糅合。其躯体、容貌、生命、力量、行动，都需要占有一定的空间。人体有五种感觉：听、视、嗅、味、触，都与一定的物质相关联。思维源于感觉，也分五种：记忆、思考、想象、语言、办法。人体本身不论多么高贵，都不可能自发地产生思维，即使依靠暗示也不能做到。而文明、知识、完美、高尚都属于理性范畴，是更高级的阶段。

人若想活着，就要维持生命。生命赖于灵魂，灵魂赖于理性。当你看到一个人在活动，那么他肯定有生命；谁若有生命，那么它必定有灵魂。而谁若有灵魂，那么背后定有理性支配。这些都存在于人的身上。

但是当在身躯和生命之间出现了疾病的阻障，身体的节奏也就失调，即生命不能提供给身躯足够的物质，以致影响它的运动和力量；当有人在灵魂和生命之间出现迟缓和虚幻的阻障，灵魂

---

①　古代时，人们认为：在气之上是一种微小、稀薄、质轻、叫做 aether（以太）的物质。认为"地球"之上为"气球"，"气球"之上为"火球"，"火球"中充满了 aether。"火球"的核心，即后面提到的"太空、星辰之王——太阳"。

就不能保证生命的进行，以致使五种感觉迟钝。当谁在灵魂和理性之间出现愚昧、无知的阻障时，理性就不能保证灵魂的通畅。即会直接影响思考、办法、文明和正确的判断。事实上只要不是愚鲁、野蛮者，都可以上升到理智的阶段。尽管内容有的善、有的恶。作为人，都应是文明的。

但是孩子啊！即使其他人不讲文明，你也不应当以恶对恶。而应通过好学多思上升到更高的理智阶段，以使你摆脱粗俗。

孩子啊！你知道：智者都是既笃诚又有知识的。就是说他不仅仅具备一般人共有的特点，而且全面具备身躯、生命、感觉、思维各个方面。人们说："他有健全的体魄、旺盛的生命、丰富的感觉、敏捷的思维。他从外表到内心都高于常人。"

一些人只有身躯，其他人则不仅如此：一些人具备了身躯和生命；一些人具备了身躯、生命和感觉；还有些人具备了身躯、生命、感觉和思维①。

那些只有身躯的人包括流浪者、士兵、商贩。他们应诚实、讲理。那些具备了身躯和生命的人包括虔诚信徒和苏菲主义托钵僧。这些人应当知识丰富、笃信教义。那些有身躯、生命和感觉的人包括哲学家、教义诠释家、圣徒。他们应当学识渊博，精通教义。那些有身躯、生命、感觉和思维的人则包括教主以及历代先知。

应当具有高尚品德的那一部分人，一般认为他们的品行有三个特点：一个是说到做到；再就是不说违背事实的话；第三是善于

---

① 这里的"身躯、生命、感觉和思维"的概念，同一般的哲学概念不同。作者在下文做了解释。

忍耐。这三个特点,每一个都同高尚的品德相关联。孩子啊! 你如果还不太理解,我可以一一向你阐述清楚。那三种人怎样做才叫具备了高尚的品德呢?

你知道流浪者的高尚品德大体应包括以下几个方面:勇敢、慷慨、忍耐;信守诺言、克制欲望、单纯;不做损人利己之事、忠于友谊、善待俘虏、乐于助人;能分清善恶,实事求是、仗义执言;不贪得无厌、不以怨报德、不羞辱妇女;遇事冷静沉着。你可以看到:这些方面都可以概括进前面所提到的三个特点中去。这正像人们流传的这个故事:

故　　事

据说有一天,库赫斯坦的流浪汉们正在聚会时,走来一个人,向他们问候之后便说:"我是马鲁的流浪汉的代表,谨向你们转达他们的问候。他们说:'我们提三个问题,假如你们的回答能使我们满意,我们甘拜下风;但若回答得不对,就应承认:你们比不上我们。'"那些流浪汉们答应道:"那就请说吧!"

那位代表道:"请讲一讲:什么叫'品德高尚'? 怎样做便违背了'品德高尚'? 它们之间主要区别在何处呢? 假若有个流浪汉正在路口歇息,看到一个人从他面前匆匆而过。不一会儿,从那人后面又追来一个手持利剑者,他欲杀掉被他追赶的那个人。拿剑的人问流浪汉:'某人从这里过去了吗?'这个流浪汉应当如何回答? 如果说:'没有过去。'那是说谎。而若说:'过去了。'那是泄露了他人的秘密。这两种情况都与流浪者的品行不符。"

　　库赫斯坦的流浪者们听了这几个问题,都面面相觑。这时有个称作"啥马丹博士"的人说道:"由我来回答吧!"大家说:"那就请吧!"于是他说道:"品德高尚的原则应是:怎么说的就要怎么做。是否'品德高尚'的区别主要在于能否善于忍耐。坐在路口的流浪者的正确回答应是:先往前挪一挪身子,然后说:'我坐在这儿的时候,没有人从此而过。'这样,他便既如实作了回答,又没泄露他人的秘密。"

　　前面已经谈到怎样才叫品德高尚,并且你已经了解了流浪者应具备的品质,让我们再来看看军人的高尚品德包括哪些方面。对军人的要求大体和流浪者相似,但是慷慨、好客、豁达大度、通情达理、克己禁欲、勇敢无畏等方面军人应表现得更突出些。而谦逊、慎言、顺从、腼腆对于军人是优点,对于流浪者则为缺点。

　　买卖人的高尚品德也有其标准,但因在前面一章谈到手艺时已经提到,这里就无须赘述了。

　　那些具备了身躯和生命的人,我已经说过,包括:虔诚的信士和苏菲派托钵僧。他们都应知识丰富,笃信教义。这部分人的品德应比一般人更加高尚。因为一般人只有"身躯",而这部分人还有"生命",有了"生命"就能使人步入正道。从信仰上看,他们都应十分虔诚,并且他们都应具备一定的知识。这部分人的特点应是:笃实的善言和笃实的善行。他们都应虔信教义;远离虚伪;从来不和人们发怒,除非为了维护教义的纯洁;从来不去揭人短处,除非他亵渎了教义。对人判决时,不应怀有恶意,不应对坏的风气推波助澜,以使人遵循正道,尊重自己的判决。在没有看准的时候不要轻易判决,所做出的判决不宜过重。

假若一个可怜的人犯有罪愆,应指示给他正道,赐他小惠,教导他不要贪婪,不要丧失信仰,丢掉廉耻,而应保持做人的名声。不应责骂犯了错误的人,尤其是不要当着众人的面这样做。假若想训诫某人,应当避开众人;当众训诫,无异于责骂和侮辱。任何时候都不应轻易判某人死罪。即使认为某人该杀也不要判,因为任何错判都能改正,唯独死罪不行。因为人死了,就不能再医活。

不应当因为教派不同便把某人视为邪教徒。邪教指反对伊斯兰教信仰,而不是指教派的分歧。

不应把书籍和科学都看做异端而加以拒绝,不应把自己不懂的东西都看作邪教。

对众人所做的错事不应轻易治罪。祈至尊的真主护佑,不要使任何人失望。任何执行教律的人只有做到这些,才可称作仁慈善良、品德高尚的人。

苏菲派信士们的仁慈善良在一些学者们的著述中多有阐述。特别像欧斯塔德·伊玛目·阿布·卡赛姆·郭士里①(祈真主赐福于他)所著的《苏菲主义传统论》,什赫·阿布·侯桑·牟卡达斯的《论圣洁》,阿布·满速尔·大马士基的《真主至圣》和阿里·瓦亥迪②所著的《圣言录》等。在这本书中我不能把他们的思想全部详尽阐述,因为这些长老们还有其他大量著述。我只是想给你以劝诫,以能使你得到幸福,并能明白:当你同这些人在一起时,怎样才能使自己不会感到拘束,他们也不会对你产生不满。

———————————

① 阿布·卡赛姆·郭士里是内沙布尔的沙裴依教派领袖。死于1072年。

② 阿里·瓦亥迪即阿布·侯桑·阿里·本·阿赫玛德·瓦亥迪。内沙布尔人,是著名的教义诠释家,著作甚丰。死于1075年。

这些人的品德高尚的条件我已阐述清楚。由于这些人自认为比任何人都优越,并且在生活中确实受到人们的尊敬,因此他们也不应当给人们带来痛苦。据说确定和揭示这个教义原则的第一个人是穆圣(愿他有福和安息),他曾得到至圣的真主的启示,犹太人(祈真主责骂他)称他为"真主的骄子",但愿泥土塞满他们的口中!

据说在穆圣时期有十二个"晾棚派"①的贫僧身着破衲衣,坐在僻静处。我们的先知也同他们坐在一起,他很喜爱他们。而他们对教律的执行比一般教派更加严格,对"道德高尚"的要求也更高。

我将阐述两部分人所应具有的仁义和正直。这两部分人即:一是苏菲派托钵僧;一是主张博爱的人。

你知道:他们都是一贫如洗、长期独居,主张人神合一的苏菲派神秘主义信徒。

故　　事

据说曾有两个苏菲教徒同路旅行,一个身无分文,另一个带着五个迪纳尔。那个身无分文者无所畏惧,并不在乎有无同行者。而每到一地,不论安全与危险便随地而坐,随处而卧,高枕无忧,不惧强人。身带五个迪纳尔者虽与他结伴同行,却总是提心

---

① 称作"晾棚派"的教民是穆罕默德的忠实追随者。因在麦地那时住在清真寺的晾棚中而得名。他们主张俭朴、禁欲、修行、祈祷。后来他们中的一部分人成为苏菲派教徒。

吊胆。

一天他们来到一眼水井处。这是一个危险之地,常有野兽出没、盗匪行劫。身无分文者饮完井水后便一缩胳膊、一伸腿、一躺便熟睡起来;而那个带着五个迪纳尔的人,由于害怕被盗,便不敢入睡。总是轻缓地自言自语说:"我该怎么办呢?我该怎么办呢?"倏然,他的话音传进那个身无分文人的耳朵,吵醒了他。于是他便问:"某人啊!你出了什么事吗?怎么老是说'我该怎么办'这句话呢?"回答道:"豪爽之士啊!我身带五个迪纳尔,在这个危险地带,你能入睡我却不能。"那个身无分文的人说道:"那么你就把这五个迪纳尔交给我吧!我来为你想办法。"于是那人便把金币交给了他。他接过来之后,顺手投入井里,说道:"这样你就从'我该怎么办?'中解脱了出来,你便可放心地歇息,放心地睡眠,放心地行路了。因为一无所有本身就是攻而不克的坚堡。"

长老们一致认为苏菲主义信徒包括三个方面的内容:苦行、顺驯、诚实。因此始终如一、不说空话、乐于助人也就十分符合教义了。

托钵僧主张以和为贵。不能为了个人私利与任何兄弟相争,结为仇敌,而应多为兄弟着想。当受到他们嫉羡时,就应想一想:为什么兄弟们要比我差呢?当考虑个人利益时,不要存有不良动机。应当克制自己,不要只从自己的角度看待问题。

应当坚持诚实和苦行的原则。对待任何事情都不应三心二意、口是心非、出尔反尔。只要老实忠厚、不奸不猾,他人也就不会与你为敌。总之,应当坚持真理,不是似是而非。应当诚实可靠,不应奸险刁猾。

孩子啊！你可知道：人若诚实就能化险为夷。即使陷进水中，脚下也会感到坚实有力。假若有谁同你谈到头领们的宽宏大量，即使所谈并非符合实际，即使并不能使你信服，你也不必断然驳回。你应相信诚实与否既不取决于一个人的聪明才智，也同从事的职业无关，而是由至尊至圣的真主所赋予的，是人的禀赋。作为托钵僧应当从诚实的角度去观察任何事物，决不惧贵怯官。应当表里一致，心中时刻想着独一无二的真主。

思想应当保持冷静，以使邪念的烈火不能燃起。有邪念者，思想往往如火一样偏激，只有冷静的清水，才能熄灭其烈焰。

此外，还应当用克制的牢笼锁闭自己的物欲和情欲。假若托钵僧不喜欢听音乐、诵诗词，在没有专一敬祈真主的时候，便不会借助音乐、诗词消磨时光，而任凭邪念之火燃烧。结果忧闷之上更增加了忧闷。什赫·阿里·赞冈尼①（祈真主赐福于他）在晚年时拒绝听音乐。他说道："音乐如同清水。有火之处才需要水。水已很多，若再续之以水，只会把事情搞得更加糟糕和困难。"假如在一个五十人的团体中，只有一人偏激如火，他不应该给其他四十九人带来烦恼，而应当尽量保持冷静，时刻想到其他四十九人。

假若托钵僧没有高尚的心灵和神学的知识，也应有外表的文明，以便符合其身份。托钵僧应当信仰虔诚、说话和气、克制情欲、不与人私通；应当心灵纯洁、身体洁净、衣服洁净。

---

① 什赫·阿里·赞冈尼，即阿里·法拉芝·赞加尼，是十一世纪时著名的神秘主义思想家。死于1058年。

托钵僧不论旅行或定居，所需物品不过是拄杖、饮水罐、浴罐、缠头巾、饭碗、拜毡、棉帽、梳子、针线和指甲刀。应当自己缝补和洗衣，并在这两方面帮助其他兄弟。

托钵僧应当喜好旅行，但不要独自一人上路，也不要独自一人住客店。因为单枪匹马容易出事。在客店中应多做善事。即主动同人接触、亲近。脱鞋时先脱左脚，穿鞋时则先穿右脚。不要把腰带甩到别人的身上。休息时应选择僻静的角落，在得到允许后才坐下。在跪拜祈祷两次、并向其他人问候之后，其他任何时候，不论进来或出去都不必再向其他人问候了。如若问候也是可以的，只是应在早晨。

要同好人多交往，不同坏人打交道。不要做无谓的事情，也不要说空话。不要在客店或修道院住得时间太长，以便给人留下良好印象。在别人不愿交谈时，不要勉强。应养成尊重他人的习惯。应遵循一定的礼节，而不是夸夸其谈。做任何事情都不要违反多数人的意志。假如所有人都反对你做某件事，就应放弃此事，而不要同他们作对，即使坚持做那件事也并不为错。对于其他人的小的过错不要吹毛求疵。

当跪在拜毡上时不要精神散乱，边祈祷边想着去逛市场。当从拜毡上站立起来，想去做什么事，或者穿上衣服想离开时，都应向人们，至少向长辈打个招呼。

不要在背着人时撕裂长袍①。也不要偷着吃东西。哪怕大家

---

① 苏菲主义者在欢乐歌舞或发怒不满时，常常不由自主地撕裂长袍。此外，长袍在脱或穿时也易被撕裂。

只有一口面包，也不要自己偷藏起来。不要随随便便给别人起绰号，而应称呼每个人的名字。不要在众人面前夸夸其谈。假若谁想穿上或脱掉长袍，都应表示同意，使每个人都来去自由，不致有人撕扯长袍或独自饮食。应当用从盛器中倒出来的水洗手。不要用脚去踩别人的长袍和拜毡。不要在众人面前表现得很急躁。不要随随便便占据别人的位置。尽量不给人带来麻烦。在人们欣赏音乐或不慎撕裂长袍时，不要起身眺望，也不要说什么话。不要不管场合、时间就手舞足蹈，若大家都在跳舞时则可例外，但是不要跑到别人的身后去跳。

不论托钵僧赞扬你还是褒贬你，你都应表示感谢，还应施惠于他。假若托钵僧赠你长袍，不要说："我不要。"而应先接下来，对他致以谢意，然后再还给他。假若你在沿街化缘，有人施舍你一件须缝补或洗涤的衣服，可以不必客气地将它收下。假若有谁对你的化缘表示厌恶，你可以表示遗憾；假若使你得到满足，你要当即表示感谢。

你应当办事公道，而不要强求他人都对你公平——在同成批的托钵僧在一起时，尤应如此处世。他们往往要求别人对自己公正，而不能公正地对待别人。霍腊散的托钵僧便要求别人对自己公正，而不能公正地对待别人；塔伯列斯坦的托钵僧并不强制别人公正地对待自己，但他们也不能公正地对待别人；法尔斯的托钵僧并不强求别人对自己公正，他们却能公正地对待别人。我听说苏菲主义者正是首先出现在法尔斯①。

---

①　这一句译自赛义德·纳菲斯所勘正的《卡布斯教诲录》第 187 页。

托钵僧在年轻时往往遇事烦躁,而到老年时则磨练得耐心冷静。到吃饭时不要无故缺席,以使其他人不因等你而推迟开饭时间。不要在大家还没吃饭时就伸手去拿面包;也不要把剩下的面包再放回去,但统一收回时例外。在分饭的时候不要表现得过分关心。在没有得到允许时不要擅自吃掉属于别人的一份。假若由于某种原因不能把饭吃完,不得不放在餐桌上时,要表示歉意。在吃饭时不要滔滔不绝地讲话。假若在斋月,不到夜晚开饭时,不能吃饭。

在开斋节时,应进行大净①,身穿进行沐浴的短衣。不要到花刺子模室或伊拉克室②进行小净。不要脚还潮湿时就穿上鞋子或站到拜毡上去。也不要湿着脚站到空地上。即使地面干净也不要这样做,因为有颜色的东西都不是真正的洁净。

上面我所说的这些,就是苏菲主义者认为品德高尚的条件。以及他们所认为的文明。

友善者需具备以下条件:不要轻易否定苏菲主义者的玄妙之理;也不要追问如何解释这些玄妙之词。应把他们的缺点视为特点。比如:视他们的叛逆精神为一种信仰。不要在背后谈论他们。对他们的善行应表示敬意;对他们的不满应予以宽容。在他们面前时应当衣服整洁、态度恭敬。对从他们衲衣上撕下的碎

---

① "大净"原意为"沐浴"。伊斯兰教规定,凡教徒在房事、遗精、月经和产期血净后,必须冲洗周身(包括漱口和洗鼻孔),称为"大净"。此外,在"主麻"和宗教节日礼拜前,一般也作大净。

② 花刺子模室和伊拉克室喻指哈奈菲教派和沙裴依教派信徒们的习惯、作风。这里实际是指厕所。

片①要珍重、要亲吻、要举在头上,而不要扔在地下。

应当尽可能地多做好事。如果其他苏菲派信士都穿上衲衣,那么你也应同他们一样。如果他们欲欢歌交友,那就应当邀请他们一同宴饮,让他们脱掉衲衣,痛痛快快地欢乐一番。然后亲吻每一件衲衣,物归原主。

假若在他们之间出现分歧,不要添油加醋,造成敌对。一旦发生矛盾,就应回避,不要多话,让他们自己取得彼此间的谅解。

在苏菲派信士们中间,不承认谁是真主的代理人。如果他说:"这是祈祷的时间"。或者说:"我正在祈祷。"即是说他不想服从你。在此时他们也不会接受任何人的劝导,即使他在等候启示。

同他们在一起不要嬉皮笑脸,也不要扭扭捏捏,或者紧皱眉头,否则会寸步难行。

谁若弄到了美味食品,即使是很少的一点,也要拿给大家。并应抱歉地说:"虽然量很少,但我也不想隐藏起来独自享受。"如果是甜点心,更应该给每个苏菲主义信徒都尝一尝。就这个内容我曾写过两联诗歌。

诗　　歌

我是苦行的苏菲,你是绝代的女郎,

---

① 在狂欢时从苏菲教徒的衲衣上撕下碎片作纪念,是对他尊敬的表示。

男男女女无一不被你迷惘。

你的丹唇如"哈勒瓦"①那样甜蜜，
每一个苏菲信徒都可把"哈勒瓦"品尝。

　　你只要做到了我在上面所说的一切，也就达到了品德高尚、仁慈善良的要求。

　　具备身体、生命、感觉几方面特点的人指使者们（祈真主护佑他们）。他们每个人都有以下三种身份：真主启示的传达者、佑护者和学者。这又可从体魄和精神两个方面认识：体魄方面指直观和认识；精神方面指知识。

　　假若你不明白为什么知识的取得与对事物的认识有关，为什么知识要高于认识，我可以向你阐述。你可知道："认识"在波斯文中与"了解"同义。当遇到陌生事物时，便需要"了解"。而"知识"则是一种学问。只有先分清哪些事物是所熟悉的，哪些事物是陌生的；只有将陌生的事物逐渐了解，并达到透彻地步，才能深知事物的优点和缺陷，以及程度如何。才叫真正地有了"知识"。

　　你要知道，知识的内容包括五点：品类、质量、数量、特性、原理，即是指：是什么、怎么样、有多少、什么性质、何种原因。"是什么"指的是要了解"什么人"或"什么事"，也就是要认识。从"认识"的角度来看，牲畜和人有共同点，即他们都认识自己的敌人和

————————————

　　①　"哈勒瓦"是一种甜点心。

幼子。但是人的知识要多得多。他们不仅仅要了解"是什么",还须深究"怎么样"、"有多少"、"什么性质"、"何种原因"等问题。难道你没有看到当人们把牲畜放到火上烤熟后就吃掉吗？而当人们还没有把它杀掉、还没有把它放到火上烧烤,便不会真正了解何谓"火"？更不知火有什么特性！只有在实践后,才能具备这方面的知识。

很清楚,知识源于认识,因此可以说:谁若有全面的知识,他就叫先知。因此先知之优于我们,正像我们之优于牲畜一样。牲畜只知道是什么,而人却能进一步了解到事物的特性、原因、数量。至于先知,则为全面之人。能全面了解其特性、原因、数量、道理。比如:牲畜只知道火点燃起来了,如此而已。而人不仅知道点燃了火,而且知道怎样燃起来的,为什么会燃起来,其道理何在。而作为全面的人的先知,须是品德高尚的人,并有全面的知识。先知是圣洁的！他们远远高于一般人。全面具备身体、生命、感觉、精神的人,唯有先知。

实际上这种全面的人,是描述不出来的。人们也不可能用语言或从自己的经验出发来认识他。他之所以无法被人认识,是由于他从自身而出,又在自身之中;他在自身之中,又从自身而出;他过去如此,现在也是如此;他从自身而出后,便已不是他,但也将是他;他的本质及其外貌都是不可消失的。他慷慨无私、无所希求、和蔼善良。他圣洁高尚,超脱世俗。他存在于虚无中。在虚无中,虽然无形,但却存在,是以无形的形式存在。形容不可形容之事才更需要虔心。要能深入到自身中来看自身。应把自身从他人中超脱出来,以不用眼睛的眼睛来观察事物。这些人的地位是崇高的，受到尊敬是理所当然的。

孩子啊！你应努力完善自己，成为品德高尚的人，成为世界上出类拔萃的人。你若想在任何人中间永远保持高尚、纯洁的品德，须能控制住三个器官：眼、手、口。即：不乱看，不乱做，不乱说。同时根据敌友亲疏的情况，要尽其所能在三个方面十分慷慨：留住、请客、馈赠。

不要说谎，所有缺德之事都同说谎有关。而诚实是高尚的表现。谁若信赖你，你也应信赖他。谁若以你的亲人为敌，他便是你的敌人。最后应使他向你屈服，承认自己的软弱。并使所有人都了解你的高尚品德。

假若需要你为某事付出生命的代价，那么要能勇往直前，毫不畏惧。甚至为了证实自己的品德高尚而敢于赴汤蹈火。

但应注意：不要为了区区小事便怀恨在心。不要背信弃义，背信弃义不是高尚的行为。

孩子啊！你要知道：对这些问题还可以谈得更细些。比如：可以列举各个民族的高尚之处。这方面可以说得很多，我只能长话短说。

下面我只能围绕几个问题再谈谈。

你知道品德高尚还包括：自己的东西是自己的，别人的东西是别人的，不要贪婪。即使某件东西是你所需要的，但却属于别人，也决不贪求。不是属于自己的，决不拿取。所做之事即使不能保证对人民有利，至少也决不能有害——这应当是一个品德高尚者的处世原则，以便成为对此世和彼世都有益的人，使两界都需要你。

孩子啊！你知道：在这本书中有好几处都谈到了知足。我现在再重复一遍。假若你想生活得无忧无虑，就应知足，而不嫉妒，这样就能永远快活。烦忧往往来自妒忌。

你知道：苍天对人不是带来吉祥就是带来不幸。我的老师（祈真主护佑他）曾经说过："面对苍天，人们应当挺胸昂首，张大嘴巴。当受到苍天打击时，应挺直腰杆；当苍天恩赐你馅饼时，则张嘴接受。这正像至尊的真主所教导的：'你要接受我所赐你的恩惠，并且应当感谢我。'①"苍天不是带给人们吉祥，就是带给人们不幸，只有这两种情况。若能应付这两种情况，并且对生活知足，就会感到自由舒畅，不会为其他人所左右。自己的心中不要有一丝的贪婪，也不要存有侥幸心理。不论苍天降下的是吉还是凶，都心甘情愿地承担。

你知道：不论什么部族的什么人，都是真主的奴仆，亚当的后裔。当觉得比另外的人所得少时，便会引起贪心。只要消除贪心、知足常乐，就不会贪求他人的东西了。有人写过这样的诗句："只要消除贪婪，一切便都好办。"高贵者总是对世界无所要求；卑琐者总是对世界贪得无厌。这种贪婪的人有如物质的奴隶。

故　　事

据说什赫·什尤赫·沙伯里②（祈真主佑护他）来到清真寺。他跪拜了两次之后，便在那里稍事休息。当时有一些孩子正在寺

---

① 此句引自《古兰经》第七章高处（艾耳拉弗）第144节。

② 沙伯里（861—945），著名的神秘主义者。

里读经,到吃饭的时候便都去就餐。坐在沙伯里(祈真主佑护他)旁边的两个孩子一个来自富有人家,一个来自穷苦人家。在富家子弟的篮子中装着甜点心,而那个穷人的孩子只带了块干面包。富人的小孩吃甜点心时,穷人的孩子垂涎三尺,想向他要一块。富人的孩子说:"你若想吃,就得做我的小狗。"穷人的孩子说:"那我就做你的狗吧!"富人的孩子说:"那么,你学一声狗叫!"当穷孩子像狗一样猜猜吠叫几声后,富人的孩子便掰了一块甜点心给他。穷孩子又学了几声狗叫,便又得到另一块赏赐。他只要学狗叫,就能吃到甜点心。

沙伯里看到这一切后,不由得暗自落下泪来。于是信徒们问他:"先生啊!什么事使你这样伤心地哭泣呢?"他说道:"你看看吧!知足和贪婪给人带来的影响有多么不同吧!试想,如果那孩子对吃干面包感到满足,就不会去贪求他人的甜点心,也就不会像现在这样甘心作个小狗。不论你遇顺境还是逆境,都应知足。知足者才会懂得尊严和无所畏惧。"

孩子啊!你知道:在这本书的四十四章中,我谈了各种问题。对每一个问题我都同你谈了我的认识和看法,我的劝诫和忠告,唯独谈到聪明时却是例外。我不能强制你,并告诫说:"聪明起来吧!"这是因为聪明不是完全靠外力所能得到的。

你知道:智能可细分为两部分:一部分为先天,一部分为后天。先天的部分叫作智力,后天的部分叫作知识,后天的部分可以通过学习而得到,先天的部分却是真主赐予的,不是老师能教得会的。至上的真主所恩赐你的先天的智能越高越好;而后天的智能则只有通过艰苦的努力才能得到。先天的优越加上后天的努力，就能成为举世奇才。如果没有先天的条件，我和你都无能为力，不能怨恨自己后天不勤奋。但在有一定的先天条件下，就应去刻苦地学习。这样即使不能成为智者，也能学识渊博，二者必居其一，而不会无所作为。正像人们所说的："成不了大丈夫，也比不出世好。"因此，若想成为智者，就须努力学习知识。智慧通过学习得来。有人问阿尔斯塔塔利斯："智慧的力量来自何处？"回答说："人们的力量来自食物，智慧的力量来自知识。"

孩子啊！你知道：现在我已把自己的经验，都为你总结在这本书中。我把自己所了解的各门知识，各项技能，各种职业，都分门别类地写进这本书的四十四章中。它集中了我从幼时到年老的生活经验。从中可以看到我在这六十三年中生活的准则，我是怎样度过了人生的里程。这本书我开始写于 1082 年。此后，只要至圣的真主还允许我继续生活下去，我便仍以书中的内容作为我的生活准则。

凡是我对自己满意之处，也正是对你的期待，希望你也能照此去做。假若你所了解的比书中所载之内容、及所要求的品德更多更好，希望你继续做下去，并做得更好。假若并非如此，便应虚心聆听我的规劝，并照此实行。你若听而不闻，拒之不做，也没人强迫你。但至高的真主总会创造出幸运的人来研读此书，了解书中的内容，并遵照我所说的去做。书中的要求，正是两个世界中幸运的人所应具备的特征。

祈愿至尊的真主对我和你，此书的作者和读者大发慈悲！正确属于穆圣和他的家族！祈愿你能够在两个世界中幸福，使我也能对你满意。两个世界的主啊！祈主赐福于穆罕默德及他的家族,并佑助我们的王族日益昌盛①。"他们喜欢真主给予的赏赐和恩惠……"②

---

① 以上两句原文为阿拉伯文。

② 此句引自《古兰经》第三章仪姆兰的家属(阿黎仪姆兰)第171节。

图书在版编目(CIP)数据

卡布斯教诲录/(波斯)昂苏尔·玛阿里著;张晖译.
—北京:商务印书馆,2024
(中外哲学典籍大全.外国哲学典籍卷)
ISBN 978-7-100-22947-0

Ⅰ.①卡… Ⅱ.①昂…②张… Ⅲ.①古典哲学—
波斯帝国—中世纪 Ⅳ.①B13

中国国家版本馆 CIP 数据核字(2023)第 173248 号

中外哲学典籍大全 · 外国哲学典籍卷
卡布斯教诲录
〔波斯〕昂苏尔·玛阿里 著
张晖 译

商 务 印 书 馆 出 版
(北京王府井大街 36 号 邮政编码 100710)
商 务 印 书 馆 发 行
北京通州皇家印刷厂印刷
ISBN 978-7-100-22947-0

2024 年 3 月第 1 版 开本 710×1000 1/16
2024 年 3 月北京第 1 次印刷 印张 18¾
定价:95.00 元